Nicol Goudarzi

Das sensorische Sachenmachbuch

Wahrnehmungsunterstützte Spiel- und Lernideen

VON LOEPER FACHBUCH
UNTERSTÜTZTE KOMMUNIKATION

Bibliographische Information der Deutschen Bibliothek
Die Deutsche Bibliothek verzeichnet diese Publikation in der Deutschen Nationalbibliographie; detaillierte bibliographische Daten sind im Internet unter http://dnb.ddb.de abrufbar.

Gehen Sie uns „ins Netz"!
Besuchen Sie uns im Internet unter
www.vonLoeper.de

Gerne senden wir Ihnen kostenlos ausführliche Informationen zu unserem Verlagsprogramm zu und informieren Sie regelmäßig über wichtige Neuerscheinungen zum Thema. (Adresse siehe unten)

Wichtiger Hinweis:
Ausführliche Zusatzinformationen zu diesem Buch, Hinweise, wichtige Links und weiteres Bonus-Material finden Sie im Internet unter
www.vonLoeper.de

Fotos: Nicol Goudarzi
Die im Buch verwendeten METACOM-Symbole: © Annette Kitzinger
Nähere Informationen zu METACOM finden Sie unter www.metacom-symbole.de

Originalausgabe

2A-1T-0124-dd

Gesamtherstellung und Vertrieb:
Ariadne Buchdienst,
Daimlerstr. 23, 76185 Karlsruhe
Tel. (0721) 464729-029
Fax (0721) 464729-099
E-Mail: Info@vonLoeper.de
Internet: www.vonLoeper.de

ISBN 978-3-86059-252-6

Inhalt

DANKE

an all die kleinen und großen Menschen, die durch ihren multisensorischen Einsatz bei Spiel, Spaß und Arbeit mit Astronauten-Sensorik-Säckchen, Rasierschaumschnee und Co. zu der Entstehung dieses Buches beigetragen haben!

1 Einleitung / Theorie

Projektwoche
„Industrialisierung und Arbeitswelten“

Gruppe „Zeitreise“:

Epochen basal erleben

Mit unserem Ballon sind wir auf Zeitreise gegangen.
Eine Woche lang.
Jeden Tag.

Wir sind in die Zukunft gereist.
Dort gab es Astronautennahrung.
Zum Beispiel: blaues Kartoffelpüree und Glibbertüten.

Wir sind ins Heute gereist.
Dort gab es viel Müll.
Wir haben mit dem Müll gebastelt.
Zum Beispiel: eine Kugelbahn.

Wir sind in die Vergangenheit gereist.
Dort haben die Menschen auf Heusäcken geschlafen.
Wir haben eine Fabrik erforscht.
In der Fabrik war es heiß, laut und schmutzig.
Wir haben Fühlbilder gebastelt.
Mit Heu, Dreck, Sand und Wolle.

Zu jeder Station gab es eine Geschichte.
Man konnte Sachen hören, fühlen und schmecken.
Die Woche war schön.
Aber auch anstrengend.

Dieser Bericht stammt aus einer Schülerzeitung und erzählt von einer Projektwoche zum Thema „Industrialisierung und Arbeitswelten". Eine Gruppe von Schülerinnen und Schülern mit komplexer Behinderung beschäftigte sich mit dem Thema „Zeitreise", von der Epoche der Industrialisierung bis in die ferne Zukunft. Ein herausforderndes Thema, basal übersetzt in unterschiedliche Wahrnehmungsangebote.

Das Projektwochenangebot gab den Anstoß für das vorliegende Buch. Denn bei den Projektvorbereitungen wurde schon bald klar, dass man zwar viele Anregungen für attraktive Wahrnehmungsangebote im frühkindlichen und im basalen Bereich findet, diese jedoch häufig losgelöst vom inhaltlichen Kontext und ohne Berücksichtigung herausfordernder Lernsituationen gestaltet werden. Ein mit zweifarbiger Emulsion gefülltes Sensorik-Säckchen (siehe Kapitel 3.6) bietet zwar interessante Wahrnehmungs- und Beschäftigungsmöglichkeiten, aber wäre es nicht sinnvoller, es in einen inhaltlichen Zusammenhang mit einem fachlichen Lernimpuls zu bringen? Könnte man damit einer leistungsheterogenen Gruppe ein breites Spannungsfeld zwischen kognitiv-anspruchsvoll und basal-erlebbaren Aktionen bieten? Und würde es nicht eine zusätzliche Wahrnehmungsebene eröffnen in einem Klassenunterricht, der sich überwiegend auf die Beschäftigung mit Arbeitsblättern konzentriert?

„Nichts ist im Verstand, was nicht vorher in den Sinnen war", das wusste schon der englische Philosoph und Mediziner John Locke (1632-1704). Das gilt für basale Lernangebote, aber auch für das Erlernen kognitiv abstrakter Inhalte. Ist es nicht grundsätzlich sinnvoll, zielorientierte Wahrnehmungsangebote in Unterricht, Therapie- und Spielsituationen einzubinden? Kapitel 2 greift diese Fragestellung auf.

Die Linsenwanne und das Aktionstablett mit Trockenerbsen sind bekannte und bewährte Klassiker der Wahrnehmungsförderung. Als bunte „sensory play"-Materialien erleben sie gerade eine kleine Renaissance. Welche Möglichkeiten und Organisationsformen sich für den Einsatz von solchen und ähnlichen Sensorikmaterialien anbieten, wird in Kapitel 3 erläutert.

Unterschiedlichste Füllmaterialien für Sensorik-Wanne und Co. werden in Kapitel 4 beschrieben.

Ideen und Rezepte für selbstgemachte Materialvariationen folgen in Kapitel 5.

In Kapitel 6 werden konkrete Einsatzideen vorgestellt, gegliedert nach Unterrichtsfächern und Themenbereichen und unter Einsatz von METACOM-Symbolen.

Kapitel 7 führt diese Ideen in Richtung der Förder- bzw. Entwicklungsbereiche fort, einschließlich konkreter Überlegungen zu TEACCH- und UK-Adaptionen.

In diesem Buch finden sich unterschiedlichste exemplarische Ideen und Impulse. Sie können, dürfen und sollten dabei jedoch – wie so oft, wenn man individualisierte Angebote für bestimmte Personen anbieten möchte – modifiziert, angepasst und weiterentwickelt werden.

2 Sensorisches Spielen und Lernen

2.1 Für wen?

Für wen sind die in diesem Buch vorgestellten Sensorikangebote geeignet? Eigentlich für fast alle Kinder, mit und ohne Behinderung. Sowohl für Kinder im Vorschulalter als auch für Kinder im Grundschulalter sind sie von großem Nutzen, zum Teil sogar für Jugendliche mit dem Förderschwerpunkt Geistige Entwicklung.

Darüber hinaus können besonders die im Folgenden dargestellten Personengruppen von den vorstrukturierten Sensorikangeboten profitieren.

Kinder mit Schwierigkeiten in der Wahrnehmungsverarbeitung

Die Sensorikangebote bieten vielfältige Möglichkeiten, sich mit einer gezielten Auswahl von Impulsen auseinanderzusetzen. So können die Angebote beispielsweise im Bereich der Hypo- oder Hypersensibilität oder bei Formen der Wahrnehmungsirritationen als Förder-, Arbeits- und Spielmaterial eingesetzt werden (vgl. Fröhlich 1999, S. 53 f.; vgl. Rosenkötter 2013).

Kinder mit Einschränkungen in der Motorik

Kindern mit motorischen Einschränkungen steht aufgrund ihrer individuellen Beeinträchtigung häufig nur ein begrenzter Radius zur Verfügung, mit dem sie die Welt erkunden und „be-greifen" können. Nicht selten ist dieser Radius sehr körpernah und die Kinder sind darauf angewiesen, dass Wahrnehmungsimpulse „von außen" in ihren Aktionsradius gebracht werden. Der Mangel an motorisch bedingten Erfahrungsmöglichkeiten kann unterschiedlichste Symptome und Wahrnehmungsstörungen zur Folge haben (vgl. Fröhlich 1999, S. 62 f.). Gezielte Wahrnehmungsangebote können hier unterstützen.

Kinder, die sich überwiegend in der zweidimensionalen, virtuellen Welt beschäftigen

Nicht wenige Kinder erleben Wahrnehmungsreize vor allem hinsichtlich der Aktivierung ihrer Fernsinne, sei es durch audio-visuelle Medien (z. B. Spielekonsole, Computer, Fernseher) oder durch digitale Lernmedien (Smartphone- oder *Tablet*-Apps). Das Berühren und Berührtwerden beschränkt sich zumeist auf Tipp- und Wischbewegungen über glatte Oberflächen. Die übrigen Nahsinne werden in der Regel wenig gefordert, und auch im Bereich der Motorik wird nur wenig Entwicklung ermöglicht (vgl. Zimmer 2012, S. 27).

Kinder mit komplexer bzw. mehrfacher Behinderung und Beeinträchtigungen der Sinneswahrnehmung

Was bereits für Kinder mit motorischen Einschränkungen genannt wurde, gilt auch für Kinder mit komplexer Behinderung und damit verbundenen Beeinträchtigungen der Sinneswahrnehmung: Es bestehen deutliche Barrieren hinsichtlich eigeninitiativer Zugänge zu (selbst-)bestimmten Erfahrungsmöglichkeiten. Hier bieten vorstrukturierte Sensorikangebote verschiedene Möglichkeiten zum aktiven Erleben und Erforschen. Wichtig ist dabei die gemeinsame (!) Beschäftigung mit dem Material, die handlungsbegleitende Kommunikation, die Interaktion und damit die Stärkung der persönlichen Beziehung. Keinesfalls sollen die Sensorikangebote als isoliertes Funktionstraining betrachtet werden, sondern als eine im gemeinsamen Tun erlebte Stimulation der Sinne. Hier muss besonders genau auf der Grundlage von Diagnostik und Lernausgangserhebung geprüft werden, welche Sensorikangebote als sinnvoll und gewinnbringend betrachtet werden können, und welche Angebote dazu verführen, eingeschliffene Verhaltensweisen eher zu verstärken.

Für Kinder in Kita, Tagespflege und Hausunterricht

Für Kinder im frühkindlichen Bildungsbereich oder für Kinder in Betreuungssituationen bieten die vorstrukturierten Sensorikangebote lernzielorientierte Beschäftigungsmöglichkeiten. Sie können als zusätzliche Spiel- und Lernimpulse oder als sensorische Angebote in die Kitaförderung oder den Unterricht integriert oder als freie Angebote für Regentage genutzt werden.

Für Kinder im Hausunterricht und im Distanzunterricht

Distanzunterricht und Homeschooling stellen Kinder, Bezugspersonen und Lehrkräfte vor besondere Herausforderungen. Von Seiten der Lehrenden lassen sich je nach Unterrichtsfach lernzielorientierte Arbeitsblätter verschicken, Links zu Lernvideos teilen oder Aufgaben auf digitalen Lernplattformen organisieren. Aber wie gelingt das „Lernen auf Distanz“ für Kinder mit komplexer Behinderung? Wie finden Lernangebote, die sich auf den Entwicklungsbereich Wahrnehmung beziehen, den Weg in das Lernen zu Hause? Wie können Familien, Bezugspersonen, Integrationshelferinnen und -helfer Angebote für die Kinder und Jugendlichen erhalten und umsetzen? Verschiedene Varianten bieten sich an, um die Wahrnehmungsförderung ins Homeschooling zu bringen.

Zum einen können bestimmte Rezepte zur Herstellung von Materialien den Bezugspersonen zur Verfügung gestellt werden, beispielsweise die Rezeptidee zum gemeinsamen Färben von Reis (siehe Seite 44 f.) oder das Bildrezept zur Herstellung eines Schaumbades in der Sensorik-Flasche (siehe Seite 116). Die Materialien können so gemeinsam mit den Kindern vor Ort hergestellt werden. Danach ist selbstverständlich Spiel und Spaß mit den Materialien angesagt. Bei Bedarf werden sie durch Lernimpulse, Arbeitsblätter o. ä. ergänzt oder Stück für Stück um weitere Elemente, Bildkarten und Aufgaben erweitert.

Eine andere Möglichkeit ist die Zusammenstellung von Materialpaketen, sofern die Päckchen praktikabel ausgeliefert werden können. Von sensorischem Füllmaterial (siehe Kapitel 4) bis hin zu TEACCH-Mappen (siehe Kapitel 7.5) lassen sich die Pakete je nach Bedarf bestücken.

Auch in Kombination mit Basalen Aktionsgeschichten (Goudarzi 2015, 2017) und ähnlichen Formaten lassen sich Wahrnehmungsangebote auf Distanz planen und anbieten. Hierzu werden die entsprechenden Geschichten und Materiallisten den Familien bzw. Bezugspersonen zur Verfügung gestellt. Mit etwas Kreativität lässt sich fast jede Aktionsgeschichte mit alternativen Alltagsmaterialien gestalten. So ersetzt beispielsweise ein mit Eiswürfeln gefülltes Sensorik-Säckchen den Kühlakku oder die mit Heu aus der Heimtierabteilung gefüllte Sensorikwanne den Heuballen. Ideal ist es, wenn darüber hinaus der persönliche Austausch mit den Bezugspersonen möglich ist, etwa per Telefon, per Videokonferenz oder Chat. So können Distanzlernangebote personenorientiert angeboten und weiterentwickelt werden.

2.2 Warum?

Warum werden Sensorikangebote in ein Buch gepackt? Die beste Wahrnehmungsförderung ist erwiesenermaßen: draußen sein und Spaß haben (vgl. Zimmer 2012, S. 16 f.; vgl. Ayres 2002, S. 11). Also: raus aus dem Haus, raus aus dem Rolli und rein ins Gras. Die Natur bietet die besten Sensorik-Angebote. Kinder, die aktiv sind, die sich bewegen, die drinnen wie draußen spielen, matschen und toben dürfen, erhalten durch diese freien und selbstbestimmten Aktivitäten wichtige und ganzheitliche Wahrnehmungsimpulse.

Was aber, wenn „intensives Spielen" nur eingeschränkt möglich ist, etwa durch Schwierigkeiten in der Wahrnehmungsverarbeitung, durch motorische Einschränkungen oder schlicht durch den Mangel an Möglichkeiten im Alltag (vgl. Kapitel 2.1)? Die hier vorgestellten Sensorikangebote sollen nicht das Erfahren unterschiedlicher Wahrnehmungsimpulse außer Haus bzw. in der Natur ersetzen. Sie sollen Möglichkeiten aufzeigen, Wahrnehmungsanreize in ansonsten wahrnehmungsarme Spiel-, Förder- oder Lernsettings zu bringen. Durch diese Aktivierung der Sinne wird eine Verbesserung der Integrationsfähigkeiten des zentralen Nervensystems erreicht und Lernprozesse werden angeregt (vgl. Büker 1999, S. 23; Lang 2017; Rosenkötter 2013, S. 81 ff.). Es ist das Zusammenspiel der Sinnessysteme, das aus den einzelnen Empfindungen ein Ganzes macht (vgl. Zimmer 2012, S. 153). Wahrnehmung und Lernen sind eng miteinander verknüpft. Aber auch das Wahrnehmen selbst muss mitunter gelernt werden. Das Ordnen der sensorischen Empfindungen bezeichnet man, nach Jean Ayres, als „Sensorische Integration" (Ayres 2002, S. 7).

2.3 Warum selber machen?

Der Markt für Therapie- und Rehabilitationsmaterialien ist groß. Es werden vielfältige, wertige und gut durchdachte Materialien angeboten. Warum also werden in diesem Buch Sensorikangebote zum Selbermachen vorgestellt?

Erstens: Es ist kostengünstiger

Die Frage nach der Ausstattung mit Spiel- und Fördermaterialien ist nicht selten mit der Kostenfrage verbunden. Und mit dieser Frage ergibt sich oftmals eine deutliche Diskrepanz zwischen denjenigen Produkten, die man gerne hätte, und denen, die man sich leisten kann. In diesem Buch werden Ideen für Materialien vorgestellt, die selber hergestellt werden können. Die benötigten Zutaten sind in der Regel deutlich preiswerter als das entsprechende Fertigprodukt.

Zweitens: Es ist nachhaltiger und umweltfreundlicher

Viele Sensorikmaterialien lassen sich in der Natur finden, sie können gemeinsam gesammelt und eingesetzt werden. Aber auch viele Verpackungsmaterialien und Wegwerfprodukte eignen sich, um sie zu sammeln und ihnen als Füllmaterial einen zweiten Nutzungszyklus zu ermöglichen. Beispiele hierfür sind die gelben Kunststoffhülsen, die in hohlen Schokoladeneiern verborgen sind, oder auch Kunststoffdeckel von Flaschen, Milchtüten und Co. Darüber hinaus kann man auch Klassiker wie Korken, Knöpfe und Ähnliches einsetzen. Alle diese Dinge lassen sich wunderbar sammeln und kosten nicht die Welt.

Spielfiguren und Objekte für themenbezogenes Arbeiten müssen nicht als Neuware angeschafft werden. Sie lassen sich auf Flohmärkten, im Second-Hand-Shop, über Internet Kleinanzeigen oder über Social-Media-Gruppen finden. Nach gründlicher Reinigung sind sie einsatzbereit.

Darüber hinaus werden in diesem Buch Materialien aus dem Küchenregal als Füllmaterialien eingesetzt. Der Grundsatz „Mit Essen spielt man nicht" wird hierbei bewusst gelockert, denn das Spiel mit farbigen, trockenen Maiskörnern ist – trotz Food Waste – nachhaltiger als der Erwerb von Plastikspielzeug oder elektronischen Spielmaterialien. Sofern die angebotenen Materialien nicht oral erkundet oder verköstigt werden sollen, lassen sich als trockene Füllmaterialien auch Zutaten mit abgelaufenem Mindesthaltbarkeitsdatum nutzen.

Sowohl aus Kostengründen als auch im Sinne der Nachhaltigkeit ist es sinnvoll, die Materialien möglichst intensiv zu nutzen und kreativ weiterzuverwenden. Werden beispielsweise die vielen Flaschendeckel einer Sensorik-Kiste nicht mehr benötigt, können sie in einer gemeinsamen Kunst-Aktion zu farbenfrohen Mosaiken gestaltet werden. Ausgediente Bohnen- oder Sandfüllungen können als Fühlbilder oder als Füllung für Barfußpfade genutzt werden.

Drittens: Es geht einfach und schnell

Oft ist es erstaunlich, wie einfach ein Material herzustellen ist und wie wenig Zeit dafür benötigt wird. Nicht selten ist das Selbermachen schneller als der Weg zum nächsten Fachgeschäft oder die Lieferzeit vom Online-Shop. Bei den hier vorgestellten Materialien wurde Wert darauf gelegt, dass sie praktikabel und gut vorzubereiten sind. Außerdem benötigen sie wenig zeitlichen und organisatorischen Aufwand in Vor- und Nachbereitung – vom Kehren abgesehen, in das die Kinder gerne einbezogen werden können und sollten.

Viertens: Es kann ein individuelles Lernarrangement entstehen

Die in diesem Buch vorgestellten Anregungen können beliebig variiert und adaptiert werden. Materialfüllungen lassen sich verändern, statt Arbeitsblätter können TEACCH-Mappen zum Einsatz kommen (vgl. Kapitel 7.5) und ein Sensorik-Säckchen kann auch als XXL-Sensoriksack in der Bettdecke als Angebot zur Körperwahrnehmung eingesetzt werden, sofern man über genügend Füllmaterial für diese Variante verfügt. Abhängig von den individuellen Voraussetzungen können viele personenorientierte Lernarrangements entstehen.

Fünftens: Es macht Spaß

Das Selbermachen der Materialien, wie es in Kapitel 5 beschrieben wird, bietet den Vorteil, dass die Kinder direkt in den Herstellungsprozess eingebunden werden können. Es ist eine Win-Win-Situation: Gemeinsam stellt man ein Material her, das man braucht. Man verbringt Zeit miteinander und erlebt schon im Entstehungs- und Entwicklungsverlauf die sensorischen Materialien und ihren Prozess der Veränderung. Gemeinsam etwas zu schaffen und zu kreieren macht Spaß. Und Spaß ist ein nicht zu unterschätzender Erfolgsfaktor im Rahmen sensorischer Förderung (vgl. Ayres 2002, S. 11).

2.4 Wie planen für Unterricht und Fördersituationen?

Im amerikanischen Raum hat das praxisorientierte „Sensory Play“ in den vergangenen Jahren einen festen Stellenwert in Literatur, Blogs und Ideenbörsen erobert (z. B. Arnwine 2011; Jervis/ Jervis Cacka 2013). Und auch im deutschsprachigen Bereich gibt es viele wahrnehmungsorientierte Beschäftigungsideen, insbesondere für Kleinkinder (z. B. Borstelmann/ Fink 2012a; Klingenberg 2020). Was dabei teilweise nur wenig genutzt wird, ist der lernzielorientierte Brückenschlag: Was passiert mit der Sensorik-Wanne voller Herbstmaterialien über das Spielen hinaus? Wie können Wahrnehmungsangebote sinnvoll in die Planung von Unterrichts- und Fördersituationen eingebunden werden? Wie lassen sich Lernsituationen so heterogen und inklusiv planen und gestalten, dass ein Beschäftigungsangebot sowohl sensorisch als auch kognitiv erspielt und erarbeitet werden kann?

Mit der Bereitstellung eines Sensorikangebotes wird versucht, gemäß der Forderung nach Fröhlich (vgl. 1999, S. 58) eine vorstrukturierte Alltagssituation zu schaffen, die für das Kind so arrangiert wird, dass es den Überblick behält. Ab Kapitel 6 werden unterschiedlichste Ideen und Anregungen vorgestellt, die eine Verknüpfung wahrnehmungsorientierter Elemente mit lernzielorientierten Aufgaben bieten. Die Sinnhaftigkeit dieser Angebote muss dabei stets personenorientiert abgewogen werden. Nicht alles „passt“ für jeden. Wer gerne mit kleinen Gegenständen um sich wirft, als seien sie Konfetti, der wird mit einer Sensorik-Wanne voller loser Maiskörner viel Spaß haben, seiner Umgebung aber auch viel Chaosmanagement abfordern. Wer Gegenstände gerne oral erkundet, für den dürfen diese kleinen Maiskörner nicht in der Wanne, sondern nur im fest verschlossenen Sensorik-Säckchen oder in der Sensorik-Flasche angeboten werden.

Die in diesem Buch vorgestellten Ideen sind explizit nicht dazu gedacht, als isoliertes Funktionstraining betrachtet zu werden. Sie sollen weder dazu dienen, dass sich ein Kind eine komplette Schulstunde lang ausschließlich mit einem einzelnen Sensorikangebot beschäftigt, noch dazu, dass es sich alleine und von seinen Mitschülerinnen und Mitschülern isoliert damit befasst. Vielmehr sollen die Angebote zusätzliche Lern- und Wahrnehmungschancen in einem systemisch sinnvollen Kontext bieten.

In welcher Form der Einsatz der Sensorikangebote unter anderem durchgeführt werden kann, zeigen die folgenden Beispiele.

Sensorikangebot als wahrnehmungsorientierter Impuls bei der Hinführung zu einem bestimmten Thema

Beispiel: Im Musikunterricht soll eine Unterrichtsreihe zur Suite „Karneval der Tiere“ von Camille Saint-Saens eingeführt werden. Als einleitender Impuls wird die mit bunten Pompons gefüllte Sensorik-Wanne eingesetzt, in der sich – passend zum Musikstück – Löwe, Schwan und einige andere Tierfiguren tummeln (siehe

Seite 91). Die Sensorik-Wanne dient als Gesprächsanlass und Hinführung zum Thema, bevor schließlich „Seine Königliche Hoheit, der Löwe" als erstes präsentiert und musikalisch geehrt wird.

Sensorikangebot als Element einer Stationsarbeit

Beispiel: Das Thema „Australien" wird mit einer basalen Aktionsgeschichte eingeleitet (Goudarzi 2017, S. 109 f.). Nach der gemeinsamen Hinführung gehen die Schülerinnen und Schüler zur Stationsarbeit über und arbeiten entsprechend ihren Niveaustufen von „Profi" (digitales, schriftbasiertes Lernquiz zum Thema „Flora und Fauna Australiens") bis hin zur Niveaustufe „Forscherinnen und Forscher" (Aktionswanne mit Sandlandschaften und Figuren australischer Tiere, siehe Seite 79).

Sensorikangebot als Differenzierungsmöglichkeit im kontextbezogenen Unterricht einer heterogenen Lerngruppe

Beispiel: In der leistungsgemischten Lerngruppe einer Primarstufenklasse findet eine Unterrichtsstunde zum Thema „Von der Raupe zum Schmetterling" statt. Während der Erarbeitungsphase beschäftigt sich ein Teil der Schülerinnen und Schüler mit Beobachtungsheften zum Thema, während andere Schülerinnen und Schüler versuchen, die modellhaften Figuren auf dem Sensorik-Tablett in die richtige Reihenfolge des Entwicklungsprozesses zu bringen. Wer kann, bearbeitet darüber hinaus die Zuordnungsaufgabe, die das Sensorikangebot ergänzt (siehe Seite 84).

Sensorikangebot als Teil einer Projekt- oder Werkstattarbeit

Beispiel: Eine klassenübergreifende Projektwoche zum Thema „Mythen, Märchen und Sagen" wird durchgeführt. Eine der Projektwochengruppen beschäftigt sich mit dem Märchen „Frau Holle". Neben der zum Märchen passenden Sensorik-Wanne, die zum Einsatz kommt (siehe Seite 63), wird ein basales Theaterstück vorbereitet (vgl. Bertrand/ Stratmann 2002). Als Requisiten werden unterschiedlichste Sensorikmaterialien genutzt und hergestellt, von „Rasierschaumschnee" (siehe Kapitel 5.3) bis zu wattebauschgefüllten Kissenhüllen, aus denen der „Schnee" herausgeschüttelt wird.

Sensorikangebot als Impuls im Rahmen der Förderung im Bereich unterstützte Kommunikation

Beispiel: In einer sprachtherapeutischen Sitzung erarbeitet eine Schülerin das Vokabular ihrer neuen, elektronischen Kommunikationshilfe. Als Impulsgeber dient eine Sensorik-Flasche, in der unterschiedlichste Materialien versteckt sind, die dem zu erarbeitenden Randvokabular entsprechen (vgl. Sachse, Boenisch 2009). Im Falle der Schülerin ist es das Randvokabular zum Thema „Tiere", und so gibt es in der mit blauem Duschgel gefüllten Sensorik-Flasche kleine Meerestiere zu entdecken (siehe Seite 85).

Sensorikangebot als positive Verstärkung

Lernen darf belohnt werden. Und auch hierzu können die Sensorikangebote genutzt werden. Beispiel: Ein Schüler hat seine TEACCH-Mappe zum Thema „Farben“ erfolgreich bearbeitet (siehe Seite 67). Als Belohnung kommt eine mit zweifarbiger Emulsion gefüllte Sensorik-Flasche zum Einsatz (siehe Kapitel 3.4). Unter Umständen kann diese Flasche auch im Sinne des „Calm Plays“ genutzt werden, also als beruhigendes Spielangebot, das zur Emotionsregulation beitragen kann.

2.5 Wie integriere ich Körper und Bewegung?

Wahrnehmung besteht nicht nur aus Hören, Riechen, Fühlen und Schmecken, sondern beinhaltet auch die Wahrnehmung von Empfindungen, die von außen auf den Menschen treffen oder sich auf das Körperselbstbild und das Zustandsempfinden des eigenen Körpers beziehen (vgl. Zimmer, S. 41). Körper, Bewegung und Wahrnehmung sind eng miteinander verknüpft, denn über das Zusammenspiel von Bewegung und Wahrnehmung bilden sich die individuellen Sinnzusammenhänge – auch im Hinblick auf soziale und emotionale Erfahrungen (vgl. Bernasconi/ Böing 2015, S. 141).

Explizite Ideen zum Entwicklungsbereich „Motorik“ finden sich in Kapitel 7.1. Grundsätzlich aber gilt: Alle Sensorikangebote, egal ob Sensorik-Wanne, -Tablett, -Flasche oder -Säckchen, können in motorische Aktivitäten eingebunden werden. Sensorik-Tabletts können zu einem Fühlpfad kombiniert und aufgestellt werden, Sensorik-Flaschen dienen als Kegel oder Ziele für Wurfspiele, Sensorik-Säckchen werden als Gewichte zur Körperwahrnehmung oder als Balancierstrecke eingesetzt und die Bildkarten aus Sensorik-Wannen können per Rollbrett oder Hüpfball herausgeholt und in die am anderen Ende des Raumes positionierten Sortierkörbe gebracht werden. Auch feinmotorisch bieten Pompons, Perlen und Co. unterschiedlichste Übungsimpulse für Hand und Fuß (vgl. Klingenberg 2020). Die Motorikvarianten sind abhängig von den Rahmenbedingungen, die in Elternhaus, Schule oder Therapie- bzw. Förderraum gegeben sind und müssen individuell gestaltet werden. Der Einsatz des Sensorikmaterials darf und soll dementsprechend beliebig weitergedacht werden.

3 Einsatz-Varianten für Sensorikmaterial

Sensorikmaterial lebt mitunter von seiner Fülle. Eine Handvoll farbiger (ungekochter) Reiskörner mag interessante Wahrnehmungsimpulse bieten, richtig spannend aber wird es mit Farbreis in Massen, in dem sich verschiedene Spiel- und Lernelemente entdecken lassen. Hier sind Chaos-Management und Ideen zur Organisation von Spiel- und Lernarrangements gefragt. Gebändigt werden können die Materialien mit den folgenden Einsatzmöglichkeiten.

Bei allen Angeboten gilt:
Nur unter Aufsicht anbieten
und stets eventuelle Allergien und
Unverträglichkeiten beachten!

3.1 Sensorik-Wanne

Material

- Großer Behälter (optimal: stapelbare Kiste mit Deckel)
- Basis-Füllmaterial
- Ggf. lernzielbezogene Themenelemente
- Ggf. zusätzliches Beschäftigungsmaterial (Sortierbehälter, Trichter, Löffel & Co., Schläuche, Löffelschere etc.)

Herstellung

Die Wanne mit dem gewünschten Sensorikmaterial befüllen. Zur freien Beschäftigung oder als Lernarrangement anbieten.

Einsatz

Wahrnehmung

Je nach Füllmaterial ergeben sich Wahrnehmungsmöglichkeiten in den Bereichen Fühlen, Sehen, Hören oder Riechen. Auch Füllungen im Bereich der gustatorischen Wahrnehmung sind möglich.

Motorik

Sensorik-Wannen sorgen für Bewegung – von der Grobmotorik beim wilden Wühlen mit den Händen oder Füßen bis hin zur Feinmotorik beim Greifen einzelner grober Körner oder ganz kleinen Körnchen. Kombiniert mit Löffeln und Löffelscheren, Kellen, Trichtern, Schläuchen, Sieben und Umfüllbehältern wird zusätzlich die Auge-Hand-Koordination gezielt gefördert.

Lernarrangements

Auch die Erarbeitung lernzielorientierter Aufgabenstellungen mit der Sensorik-Wanne ist möglich. Hierzu werden die je nach Lerninhalt benötigten, themenbezogenen Elemente und Aufgabenkarten ergänzt. Sortier- und Ordnungshilfen ermöglichen ein strukturiertes Arbeiten, z. B. im Sinne des TEACCH-Prinzips.

Achtung

- Sensorik-Wanne mit kleinen Materialien nur einsetzen, wenn nicht die Gefahr besteht, dass die Kleinteile in den Mund genommen werden (Erstickungsgefahr)!
- Nur unter Aufsicht verwenden.

3.2 Sensorik-Tablett

Material

- Tablett oder hoher Bilderrahmen (ohne Glas)
- Basis-Füllmaterial
- Ggf. lernzielbezogene Themenelemente
- Ggf. zusätzliches Beschäftigungsmaterial (Sortierbehälter, Trichter, Löffel & Co., Schläuche, Löffelschere etc.)
- Ggf. selbstklebende Spiegelfolie, Hologrammfolie o. Ä.

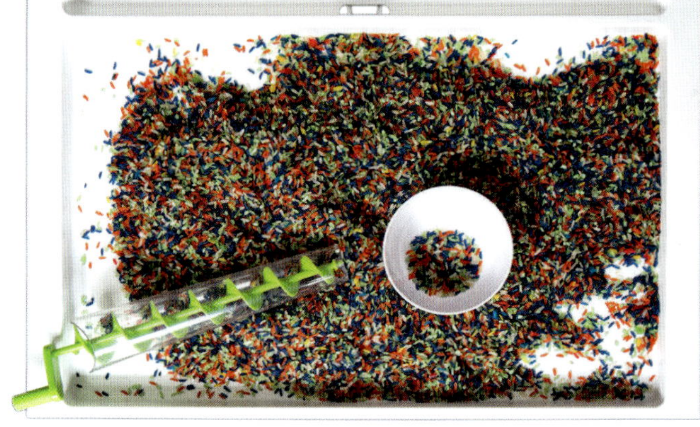

Herstellung

Die Materialien in das Tablett füllen und bei Bedarf durch „Werkzeuge" wie Löffelschere, Trichter und Co. ergänzen. In Kombination mit Sortierkästchen und Aufgabenkarten können vielfältige Lernangebote entwickelt werden, die sich auch für eine strukturierte Beschäftigung im Sinne des TEACCH-Ansatzes anbieten. Für einen zusätzlichen optischen Anreiz kann Spiegel- oder Hologrammfolie auf den Boden des Tabletts geklebt werden.

Einsatz

Wahrnehmung

Das Füllmaterial deckt sich mit dem der Sensorik-Wanne. Dementsprechend ergeben sich auch bei der Beschäftigung mit den Aktionstabletts Wahrnehmungsmöglichkeiten in den Bereichen Fühlen, Sehen, Hören, Riechen und Schmecken – je nach ausgewähltem Material.

Motorik

Für grobmotorisch großflächige Angebote sind die Sensorik-Tabletts weniger geeignet, sie bieten eher die Möglichkeit für Übungen zu Feinmotorik und Auge-Hand-Koordination. Wie bei der Sensorik-Wanne können auch hier verschiedene Aufgabenstellungen oder Spielmöglichkeiten zum Schütten, Schaufeln und Sieben eingebunden werden.

Lernarrangements

Wird das Füllmaterial mit themenbezogenen Elementen und Aufgabenkarten ergänzt, können unterschiedliche Aufgabenstellungen mit dem Sensorik-Tablett angeboten werden. Auch hier unterstützen Sortier- und Ordnungshilfen dabei, strukturiert zu arbeiten.

Achtung

- Sensorik-Tablett mit kleinen Materialien nur einsetzen, wenn nicht die Gefahr besteht, dass diese in den Mund genommen werden (Erstickungsgefahr)!
- Nur unter Aufsicht verwenden.

3.3 Sensorik-Flasche (Trockenfüllung)

Material

- Leere, transparente Kunststoffflasche mit möglichst großer Öffnung (z. B. Smoothie-Flasche oder PET-Flasche, transparente Weichspülerflaschen mit Henkel) oder Schraubglas aus Kunststoff (z. B. von Erdnussbutter)
- Bei Bedarf Spiritus, reiner Alkohol oder Nagellackentferner zum Entfernen von Etiketten
- Trockenfüllung: Basis-Füllmaterial
- Ggf. lernzielbezogene Themenelemente
- Ggf. Highlights und Special Effects
- Ggf. Trichter oder Papiertülle zum Einfüllen des Füllmaterials
- Heißkleber oder Sekundenkleber zum Fixieren des Deckels

Herstellung

Die Kunststoffflasche säubern, trocknen und Aufkleber bzw. Aufdrucke entfernen. Die Flasche mit der Basisfüllung bestücken und nach Belieben durch Themenelemente oder Highlights ergänzen. Abschließend den Deckel mit Heißkleber oder Sekundenkleber sichern. Fertig!

Einsatz

Wahrnehmung

Haptisch haben die Sensorik-Flaschen wenig zu bieten, doch im visuellen Bereich können sie vielfältigste Impulse liefern, sowohl mit Trockenfüllung als auch mit flüssiger Füllung. Die Varianten mit trockenem Füllmaterial bieten zusätzlich unterschiedlichste auditive Impulse.

Motorik

Sensorik-Flaschen wollen geschüttelt, gerollt, gekippt und gedreht werden und fordern so unterschiedlichste Bewegungsvarianten für Hände und Füße heraus. Die sich immer neu arrangierenden Füllmaterialien, die bei der Bewegung entstehenden Geräusche und das Entdecken und Verstecken der Highlights bieten vielfältige Anreize, die Motorikflaschen in Bewegung zu bringen.

Emotion (Calm Play)

Als chaosfreies Sensorikangebot bieten sich die Sensorik-Flaschen auch als Angebot zur Beruhigung und Entspannung oder als positiver Verstärker an – vorausgesetzt, der Deckel ist sicher festgeklebt.

Lernarrangements

Auch in den Sensorik-Flaschen lassen sich themenbezogene Elemente verstecken. Die Kombination mit Aufgabenkarten ist ebenfalls möglich.

Achtung

- Deckel bitte unbedingt festkleben (Erstickungsgefahr durch Kleinteile)!

3.4 Sensorik-Flasche (flüssige Füllung)

Material

- Leere, transparente Kunststoffflasche mit möglichst großer Öffnung (z. B. Smoothie-Flasche oder PET-Flasche, transparente Weichspülerflaschen mit Henkel) oder Schraubglas aus Kunststoff (z. B. von Erdnussbutter)
- Heißkleber oder Sekundenkleber zum Fixieren des Deckels
- Bei Bedarf Spiritus, reiner Alkohol oder Nagellackentferner zum Entfernen von Etiketten
- Als flüssiges Basis-Füllmaterial: farbiges Wasser oder Crushed-Eis; zweifarbige Wasser-Öl-Mischung; farbiges Duschbad oder Duschgel
- Ggf. Highlights und Special Effects
- Ggf. lernzielbezogene Themenelemente
- Trichter zum Einfüllen des Füllmaterials

Herstellung

Die Kunststoffflasche säubern, trocknen und Aufkleber bzw. Aufdrucke entfernen.

Als flüssige Füllung bieten sich verschiedene Varianten an: einfarbige Füllungen mit Streuteilen und Co., zweifarbige Füllungen als lavalampenähnliche Emulsion oder schäumende Schüttelfüllungen mit Flüssigseife.

Zur Herstellung einfarbiger Füllung lauwarmes Wasser mit Lebensmittelfarbe einfärben. Nach Belieben Streuteile, Glitterpulver etc. ergänzen. Eine entschleunigte Variante ergibt sich bei der Verwendung von farbigem Duschgel oder Duschbad, in dem sich Streuteile und Spielfiguren nur langsam bewegen.

Für eine zweifarbige Emulsionsvariante das Pflanzenöl leicht erwärmen und mit Lebensmittelfarbe einfärben. Warmes Wasser mit einer zweiten Lebensmittelfarbe nach Wahl färben. Beide Komponenten in die Flasche füllen.

Bunte Seifenblasen entstehen, wenn die Sensorik-Flasche mit etwas Wasser und Spülmittel oder alternativ mit flüssigem Schaumbad vermischt wird. Gibt man ergänzend eine kleine Kugel oder Ähnliches in die Flasche, entsteht ein zusätzlicher Anreiz zum Schaumschütteln.

Unabhängig von der Art der Füllung gilt: Nach dem Befüllen der Sensorik-Flaschen abschließend den Deckel bitte mit Heißkleber oder Sekundenkleber sichern.

Einsatz

Wahrnehmung

Ob Farben, Glitter, Highlights oder Luftblaseneffekte – im visuellen Bereich bieten diese Sensorik-Flaschen reichhaltige Impulse. Gibt man eine Murmel oder Ähnliches zum Durchmischen der Flüssigkeit in die Flasche, wird zusätzlich der auditive Sinn angesprochen. Andere Sinnesbereiche werden hingegen weniger stimuliert.

Motorik

Farbige Flüssigkeiten vermischen, Luftblasen zaubern, im Wasser schwebende Highlights auf Reise schicken: Die flüssigkeitsgefüllten Sensorik-Flaschen fordern dazu auf, mit kleinen und großen Bewegungen in Aktion versetzt zu werden. Kunststoffflaschen mit Griff, wie es sie zum Beispiel bei einigen Weichspülerflaschen gibt, bieten eine zusätzliche Greifhilfe beim Bewegen der Flasche.

Emotion (Calm Play)

Fest verschlossen bietet sich auch diese Sensorik-Flaschen-Variante als positiver Verstärker oder als Angebot zur Beruhigung und Entspannung an.

Lernarrangements

Insbesondere die Wasser-Öl-Mischung kann für Farb- und Misch-Experimente eingesetzt werden. So lässt sich etwa mit rotgefärbtem Öl und blaugefärbtem Wasser eine lilafarbene Emulsion herbeischütteln, die sich im Ruhezustand nach und nach wieder in ihre beiden Grundfarben aufteilt. Darüber hinaus lassen sich in den Flüssigkeiten themenbezogene Elemente und Aufgaben einbinden.

Achtung

- Deckel bitte unbedingt festkleben (Erstickungsgefahr durch Kleinteile)!

3.5 Sensorik-Säckchen (Trockenfüllung)

Material

- Säckchen oder Beutel (stabile Ziploc- oder Reißverschlussbeutel, Netzbeutel aus Fliegengitterstoff oder Chiffon, Säckchen aus Stoff, Kissenhüllen und Bettbezüge etc. – Größe je nach Menge und Umfang des Füllmaterials wählen)
- Festes Band oder Kabelbinder zum Verschließen der Säckchen
- Basis-Füllmaterial
- Ggf. lernzielbezogene Themenelemente

Herstellung

Der Vorteil bei der Verwendung von Sensorik-Säckchen besteht darin, dass Kleinteile zwar taktil, visuell und olfaktorisch erforscht werden, jedoch nicht in den Mund genommen und verschluckt werden können – vorausgesetzt, die Säckchen sind entsprechend sicher verschlossen.

Eine schnelle Variante der Sensorik-Säckchen lässt sich mit einem Chiffontuch oder einem Fliegengitterstoff-Quadrat erstellen, in das (nicht zu spitze) Wahrnehmungsmaterialien eingeknotet werden.

Fertige Stoffbeutel, Kissenhüllen oder Gemüsenetze können ebenso zum Einsatz kommen, wie selbstgenähte Säckchen. Werden die Beutel mit kleinteiligem Sensorikmaterial gefüllt, muss darauf geachtet werden, dass die Säckchen nicht eigenständig geöffnet werden können (d. h. wahlweise verkleben, zunähen, Schiebegriff vom Reißverschluss entfernen etc.).

Werden Kunststoffbeutel gewünscht, können Gefrierbeutel und Co. vor der Verwendung mit etwas Nagellackentferner von ihren Aufdrucken befreit werden.

Danach die stabilen Plastikbeutel mit dem gewünschten Sensorikmaterial befüllen und die Luft aus den Tüten streichen. Fest verschließen. Den Beutel ggf. zusätzlich sichern (je nach Bedarf: Ränder mit breitem, dichtem Klebeband sichern; Sicherheitsnaht unterhalb des Reißverschlusses einnähen; zusätzliche Schutztüte überstülpen etc.).

Die Sensorik-Säckchen lassen sich sowohl zur freien Beschäftigung als auch mit eingebundenen Aufgaben im Rahmen von Lernarrangements nutzen.

Einsatz

Wahrnehmung

Sensorik-Säckchen aus Stoff bieten, je nach Füllung, unterschiedlichste Wahrnehmungsimpulse: haptisch, visuell, auditiv oder olfaktorisch. Eine Variante für gustatorische Sensorik-Säckchen stellen Fruchtsauger dar, wie sie für Babys zum Einsatz kommen.

Sensorik-Säckchen aus Kunststoff hingegen bieten nur wenige haptische Impulse. Zwar können die einzelnen Elemente in ihnen bewegt und verschoben werden, doch bleibt die Oberflächenwahrnehmung weitgehend auf das Plastik beschränkt. Auch akustisch, olfaktorisch und gustatorisch bieten sie wenig Anregung.

Motorik

Schon die Basisfüllungen regen zum Greifen, Fühlen und Bespielen an. In der Füllung der Säckchen verborgene Highlights sorgen für feinmotorische Aktivitäten. Als Ball-Ersatz geworfen oder ähnlich eines Mobiles aufgehängt bieten Sensorik-Säckchen zusätzliche Bewegungsanreize.

Emotion (Calm Play)

Auch die Sensorik-Säckchen können als positive Verstärker oder als Angebot zum Calm Play angeboten werden – vorausgesetzt, sie sind fest und sicher verschlossen.

Lernarrangements

Sortieraufgaben, Themenelemente und gezielte, inhaltsbezogene Aufgabenstellungen lassen sich in die Sensorik-Säckchen integrieren und fordern zum sensorisch unterstützten Lernen heraus.

Achtung

- Das Füllmaterial darf nicht zu spitz sein, da es sonst das Plastik oder den Netzstoff beschädigen könnte.
- Die Säckchen gut sichern, damit alle Kleinteile im Inneren bleiben.
- Nur unter Aufsicht verwenden.

3.6 Sensorik-Säckchen (flüssige Füllung)

Material

- Stabile Ziploc-, Folien- oder Gefrierbeutel, Größe je nach Menge und Umfang des Füllmaterials
- Festes Klebeband (z. B. Duct Tape) zum zusätzlichen Absichern der Beutel
- Bei Bedarf Spiritus, reiner Alkohol oder Nagellackentferner zum Entfernen von Etiketten und Aufdrucken
- Als flüssiges Basis-Füllmaterial: farbiges Wasser oder Crushed-Eis; zweifarbige Wasser-Öl-Mischung; farbiges Duschbad oder Duschgel; weißer oder gefärbter Rasierschaum
- Ggf. Highlights und Special Effects, die jedoch nicht zu spitz sein dürfen
- Ggf. lernzielbezogene Themenelemente, die ebenfalls nicht spitz sein dürfen

Herstellung

Aufdrucke auf Kunststoffbeuteln mit etwas Nagellackentferner abwischen. Die Beutel mit dem gewünschten Sensorikmaterial befüllen und die Luft aus den Tüten streichen. Fest verschließen. Alle Ränder des Beutels zusätzlich mit breitem, festem Klebeband einfassen.

Einsatz

Wahrnehmung 👀

Haptisch, olfaktorisch und auditiv haben die gefüllten Kunststoffbeutel nur wenig zu bieten. Visuell hingegen können unterschiedlichste Impulse erzeugt werden, insbesondere, wenn flüssige Füllungen, wie z. B. zweifarbige Wasser-Öl-Emulsionen, zum Einsatz kommen. Im fest verschlossenen Beutel ist hier auch der Einsatz als bespielbares Fensterbild denkbar.

Motorik

Mit den flüssigkeitsgefüllten Sensorik-Säckchen lassen sich unterschiedlichste Übungen zur Förderung der Feinmotorik gestalten. Kleine Murmeln, Muggelsteine und Ähnliches lassen sich im freien Spiel beliebig bewegen oder in Kombination mit Aufgabenkarten und Vorlagen gezielt zum Nachspuren von Formen und Buchstaben einsetzen.

Emotion (Calm Play)

Die flüssigkeitsgefüllten Sensorik-Säckchen lassen sich als beruhigende oder positiv verstärkende Beschäftigungselemente einsetzen. Allerdings sollten sie dabei nur unter Aufsicht verwendet werden, da auch bei sorgfältiger Herstellung die Beutel bei zu grober Behandlung beschädigt werden können.

Lernarrangements

Wie auch bei den Sensorik-Säckchen mit Trockenfüllung lassen sich beliebig Sortieraufgaben, Themenelemente und inhaltsbezogene Aufgabenstellungen integrieren. Darüber hinaus können Schablonen und Vorlagen genutzt werden, um Murmeln und Co. gezielt durch die Füllungen zu bewegen (siehe Seite 74).

Achtung

- Das Füllmaterial darf nicht zu spitz sein, da sonst der Kunststoffbeutel beschädigt wird und die Flüssigkeit auslaufen kann.
- Nur unter Aufsicht verwenden.

4 Füllmaterial

4.1 Basis (Füll-)Material – Die Menge macht's!

Ein einzelnes Material in großer Menge eingesetzt bildet die Basisfüllung für Sensorik-Kisten und Co. Die Füllungen gibt es dabei in unterschiedlichsten Variationen, von Klassikern wie Kastanien bis hin zu Alternativen in Form von bunt gefärbten, ungekochten Reiskörnern.

Einzeln eingesetzt können viele der Basisfüllmaterialien jedoch auch als „Highlights" in andere Sensorik-Kisten eingebunden werden, beispielsweise Bucheckern und Eicheln, die als Themenelemente zwischen getrockneten Maiskörnern in einer Jahreszeitenkiste zum Thema „Herbst" versteckt sind.

Die Basisfüllung besteht in der Regel aus Materialien wie Reis, Pompons etc. Wie bei allen Kleinteilen besteht auch hier die Gefahr, dass sie in den Mund genommen und verschluckt werden können. Füllmaterial, das in offenen Behältern wie Sensorik-Wannen und –tabletts angeboten wird, sollte daher nur unter Aufsicht eingesetzt werden. Auch in Sensorik-Flaschen oder Sensorik-Säckchen können diese Füllmaterialien Verwendung finden. Flaschen und Beutel sollten dabei stets fest und sicher verschlossen sein.

Viele der hier vorgestellten Materialien lassen sich zusätzlich mit Lebensmittelfarbe einfärben oder durch Zugabe von Aroma-Öl mit Duftstoffen anreichern. Ideen und Anleitungen hierzu finden sich ab Seite 36.

Zum Fühlen, Greifen, Sehen: Taktil-haptisches und Visuelles

Aus der Natur

- Blätter (für: Sensorik-Wanne, Sensorik-Tablett, Sensorik-Flasche (Trockenfüllung), Sensorik-Säckchen (Trockenfüllung))
- Erde (Achtung: Blumenerde ist oft mit Dünger angereichert!) (für: Sensorik-Wanne, Sensorik-Tablett, Sensorik-Flasche (Trockenfüllung), Sensorik-Säckchen (Plastikvariante))

- feine Sägespäne (für: Sensorik-Wanne, Sensorik-Tablett, Sensorik-Flasche (Trockenfüllung), Sensorik-Säckchen (Plastikvariante))
- Sand in allen Variationen und Körnungen (bei Verwendung von Vogelsand die spitzen Kalkteile bitte vorher heraussieben) in Naturfarben oder in bunt; (für: Sensorik-Wanne, Sensorik-Tablett, Sensorik-Flasche (Trockenfüllung), Sensorik-Säckchen (Plastikvariante))
- Schlick (Töpferton mit Wasser) (für: Sensorik-Wanne, Sensorik-Tablett, Sensorik-Säckchen (Plastikvariante))
- Steine und Steinchen ohne scharfe Ecken und Kanten (für: Sensorik-Wanne, Sensorik-Tablett, Sensorik-Flasche (Trockenfüllung oder flüssige Füllung), Sensorik-Säckchen (Trockenfüllung; bei flüssiger Füllvariante nur glatte Steine verwenden, um das Plastiksäckchen nicht zu beschädigen))
- Tannenzapfen, Kastanien, Bucheckern, Eicheln etc. (für: Sensorik-Wanne, Sensorik-Tablett, große Sensorik-Flasche (Trockenfüllung), Sensorik-Säckchen (Trockenfüllung))
- Wasser und Eis (für: Sensorik-Wanne, Sensorik-Flasche (flüssige Füllung), Sensorik-Säckchen (Plastikvariante))

Aus Küche und Vorratsschrank

- Bohnen (getrocknet) in allen Variationen und Farben ☞ bunte Bohnen (für: Sensorik-Wanne, Sensorik-Tablett, Sensorik-Flasche (Trockenfüllung), Sensorik-Säckchen (Trockenfüllung))
- Erbsen (getrocknet) in allen Variationen und Farben ☞ bunte Erbsen (für: Sensorik-Wanne, Sensorik-Tablett, Sensorik-Flasche (Trockenfüllung), Sensorik-Säckchen (Trockenfüllung))
- grobes Salz, Salzkristallstücke (Sensorik-Wanne, Sensorik-Tablett, Sensorik-Flasche (Trockenfüllung), Sensorik-Säckchen (Trockenfüllung))
- Haferflocken, Cerealien, Puffmais etc. (für: Sensorik-Wanne, Sensorik-Tablett, Sensorik-Flasche (Trockenfüllung), Sensorik-Säckchen (Plastikvariante))
- Kerne aller Art (Sonnenblumenkerne, Kürbiskerne etc.) (für: Sensorik-Wanne, Sensorik-Tablett, Sensorik-Flasche (Trockenfüllung), Sensorik-Säckchen (Trockenfüllung))
- Linsen (getrocknet) in allen Variationen und Farben ☞ bunte Linsen (für: Sensorik-Wanne, Sensorik-Tablett, Sensorik-Flasche (Trockenfüllung), Sensorik-Säckchen (Trockenfüllung))
- Maisgrieß (für: Sensorik-Wanne, Sensorik-Tablett, Sensorik-Flasche (Trockenfüllung), Sensorik-Säckchen (Plastikvariante))
- Maiskörner (getrocknet) (für: Sensorik-Wanne, Sensorik-Tablett, Sensorik-Flasche (Trockenfüllung), Sensorik-Säckchen (Trockenfüllung))
- Mehl und Stärkemehl (für: Sensorik-Wanne, Sensorik-Tablett, Sensorik-Flasche, Sensorik-Säckchen (Plastikvariante))
- Nudeln, gekocht (für: Sensorik-Wanne, Sensorik-Tablett)
- Nudeln, ungekocht (von Buchstabennudeln bis Cannelloni-Röhrchen in einfarbig oder bunt ☞ Farbnudeln (für: Sensorik-Wanne, Sensorik-Tablett, Sensorik-Flasche (Trockenfüllung), Sensorik-Säckchen (Trockenfüllung))
- Popcorn (ungesüßt) (für: Sensorik-Wanne, Sensorik-Tablett, Sensorik-Flasche (Trockenfüllung), Sensorik-Säckchen (Trockenfüllung))
- Pudding, Wackelpudding (für: Sensorik-Wanne,

Sensorik-Tablett, Sensorik-Flasche (flüssige Füllung), Sensorik-Säckchen (Plastikvariante))
- Reis (ungekocht), einfarbig oder bunt (für: Sensorik-Wanne, Sensorik-Tablett, Sensorik-Flasche (Trockenfüllung), Sensorik-Säckchen (Trockenfüllung))
- Sago-/ Tapiokaperlen (für: Sensorik-Wanne, Sensorik-Tablett, Sensorik-Flasche (flüssige Füllung), Sensorik-Säckchen (Plastikvariante))

Aus dem Badezimmer
- Gel (für: Sensorik-Säckchen (flüssige Füllung))
- Körperlotion (für: Sensorik-Tablett, Sensorik-Säckchen (Plastikvariante))
- Rasierschaum ☞ Rasierschaumvarianten in weiß oder bunt (für: Sensorik-Wanne, Sensorik-Tablett, Sensorik-Flasche (flüssige Füllung), Sensorik-Säckchen (Plastikvariante))
- Schaumbad, Farbbad (für: Sensorik-Wanne, Sensorik-Flasche (flüssige Füllung), Sensorik-Säckchen (Plastikvariante))
- Wattebäusche (für: Sensorik-Wanne, Sensorik-Tablett, Sensorik-Flasche (Trockenfüllung), Sensorik-Säckchen (Trockenfüllung))

Aus der Bastel- und Spielzeugecke
- Bälle in allen Variationen (für: Sensorik-Wanne, Sensorik-Tablett, Sensorik-Säckchen (Trockenfüllung))
- Chiffontücher (für: Sensorik-Wanne, Sensorik-Säckchen)
- Fingerfarbe (für: Sensorik-Säckchen (Plastikvariante))
- Kirschkerne, getrocknet (Füllung für Kirschkernkissen, Bastelbedarf) (für: Sensorik-Wanne, Sensorik-Tablett, Sensorik-Flasche (Trockenfüllung), Sensorik-Säckchen (Trockenfüllung))
- Knöpfe (für: Sensorik-Wanne, Sensorik-Tablett, Sensorik-Flasche (Trockenfüllung), Sensorik-Säckchen (Trockenfüllung))
- LEGO®, DUPLO® und sonstige Bausteine (für: Sensorik-Wanne, Sensorik-Tablett, Sensorik-Säckchen (Trockenfüllung))
- Murmeln (für: Sensorik-Wanne, Sensorik-Tablett, Sensorik-Flasche (Trockenfüllung), Sensorik-Säckchen (Trockenfüllung))
- Pompons (für: Sensorik-Wanne, Sensorik-Tablett, Sensorik-Flasche (Trockenfüllung), Sensorik-Säckchen (Trockenfüllung))
- Spielmais (bunt) oder Füllmaterial aus Maisstärke (uni) (für: Sensorik-Wanne, Sensorik-Tablett, Sensorik-Flasche (Trockenfüllung), Sensorik-Säckchen (Trockenfüllung))
- bunte Filzwolle/ Märchenwolle (für: Sensorik-Wanne, Sensorik-Tablett, Sensorik-Flasche (Trockenfüllung), Sensorik-Säckchen (Trockenfüllung))

Wiederverwertetes
- Deckel von Plastikflaschen (für: Sensorik-Wanne, Sensorik-Tablett, Sensorik-Flasche (Trockenfüllung), Sensorik-Säckchen (Trockenfüllung))
- Füllmaterial aus Paketen (für: Sensorik-Wanne, Sensorik-Tablett, Sensorik-Flasche (Trockenfüllung), Sensorik-Säckchen (Trockenfüllung))
- Korken (für: Sensorik-Wanne, Sensorik-Tablett, Sensorik-Flasche (Trockenfüllung), Sensorik-Säckchen (Trockenfüllung))
- Papier, Zeitung & Co. (gerissen, geknüllt, gefaltet) (für: Sensorik-Wanne, Sensorik-Tablett, Senso-

rik-Flasche (Trockenfüllung), Sensorik-Säckchen (Trockenfüllung))
- Plastikeier etc. aus dem Inneren von Schokoladen-Hohlfiguren (für: Sensorik-Wanne, Sensorik-Tablett, Sensorik-Säckchen (Trockenfüllung))
- Stofffetzen und Kunstfellfetzen (für: Sensorik-Wanne, Sensorik-Tablett, Sensorik-Flasche (Trockenfüllung), Sensorik-Säckchen (Trockenfüllung))

Zum Schnuppern und Riechen: Olfaktorisches

Aus der Natur

- Blüten und Blätter, frisch oder getrocknet (für: Sensorik-Wanne, Sensorik-Tablett, Sensorik-Säckchen (Trockenfüllung))
- Erde (Achtung: Blumenerde ist oft mit Dünger angereichert!) (für: Sensorik-Wanne, Sensorik-Tablett, Sensorik-Säckchen (Trockenfüllung))
- Gras, frisch geschnitten (für: Sensorik-Wanne, Sensorik-Tablett, Sensorik-Säckchen (Trockenfüllung))
- Kräuter (frisch) (Schnittlauch, Basilikum, Koriander etc.) (für: Sensorik-Wanne, Sensorik-Tablett, Sensorik-Säckchen (Trockenfüllung))
- Stroh und Heu (für: Sensorik-Wanne, Sensorik-Tablett, Sensorik-Säckchen (Trockenfüllung))
- Tannenzweige von nicht-stechenden Edeltannen (für: Sensorik-Wanne, Sensorik-Tablett, Sensorik-Säckchen (Trockenfüllung)). Achtung: Beim Selbersammeln in der Natur besteht Verwechslungsgefahr zwischen Tannen und der hochgiftigen Eibe!

Aus Küche und Vorratsschrank

- Back-Aromen (Zitronenaroma etc.) (für: Sensorik-Wanne, Sensorik-Tablett, Sensorik-Säckchen (Trockenfüllung))
- getrocknete Gewürze (für: Sensorik-Wanne, Sensorik-Tablett, Sensorik-Säckchen (Trockenfüllung))
- loser Tee (für: Sensorik-Wanne, Sensorik-Tablett, Sensorik-Säckchen (Trockenfüllung))
- Zitrusfrüchte, frisch oder getrocknet (für: Sensorik-Wanne, Sensorik-Tablett, Sensorik-Säckchen (Trockenfüllung))

Aus dem Badezimmer

- Duftbad (für: Sensorik-Wanne)
- Duschgel und Seifen (für: Sensorik-Wanne, Sensorik-Tablett)
- Massageöle (für: Sensorik-Wanne, Sensorik-Tablett)
- Parfum und Co. (für: Sensorik-Wanne, Sensorik-Tablett, Sensorik-Säckchen (Trockenfüllung))

Zum Hören und Lauschen: Auditives 

- Backpapier (ganz oder zerschnitten) (für: Sensorik-Wanne, Sensorik-Tablett, Sensorik-Säckchen (Trockenfüllung))
- Rettungsdecke (ganz oder zerschnitten) (für: Sensorik-Wanne, Sensorik-Tablett, Sensorik-Säckchen (Trockenfüllung))
- Viele der oben aufgeführten Basis-Füllmaterialien erzeugen interessante Geräusche: Weicher Schlick macht wunderbare Matschgeräusche zwischen den Fingern, mit rieselnden Reiskörnern lassen

sich Regen- oder Hagelgeräusche nachstellen. In PET-Flaschen, Dosen oder Pappröhren gefüllt können fast alle festen Füllmaterialien als Rasseln oder Percussioninstrumente eingesetzt werden. Viele Füllmaterialien produzieren darüber hinaus ihre eigene Geräuschkulisse, wenn sie bespielt werden.

Zum Schmecken: Gustatorisches 

Viele der unter „Aus Küche und Vorratsraum" aufgeführten Basis-Füllmaterialien sind genießbar (Cerealien, gekochte Nudeln, Pudding, Zitrusfrüchte etc.), sowohl im Ganzen, püriert oder als Getränk. Hier muss individuell unter Berücksichtigung eventueller Schluckstörungen, Allergien, Nahrungsmittelunverträglichkeiten etc. entschieden werden, ob auch im gustatorischen Bereich Wahrnehmungsmöglichkeiten angeboten werden sollen. Gustatorische Aktionen sollten immer unter Aufsicht durchgeführt werden.

4.2 Highlights und Special Effects

Highlights sind einzeln eingesetzte Materialien, die als besondere Hingucker das Sensorikangebot ergänzen. Sie bringen Abwechslung in die Fülle des Basismaterials und sorgen mit Glitter, Glöckchen und Co. für vielfältige „Special Effects". So dienen diese Elemente dazu, die Aufmerksamkeit zu fokussieren und auf die ausgewählten Impulse zu lenken. Im Kontext der lernzielorientierten Beschäftigung werden beispielsweise häufig kleine Spielfiguren eingesetzt, die sich auf das Lernthema beziehen. Darüber hinaus lassen sich zahlreiche Materialien und Gegenstände nutzen, die im Folgenden aufgeführt werden.

Zum Fühlen, Greifen, Sehen: Taktil-haptisches und Visuelles

- Federn (groß) aus dem Bastelladen (für: Sensorik-Wanne, Sensorik-Tablett, Sensorik-Flasche (Trockenfüllung), Sensorik-Säckchen (Trockenfüllung))
- Kissenfüllung (für: Sensorik-Wanne, Sensorik-Tablett, Sensorik-Flasche (Trockenfüllung), Sensorik-Säckchen (Trockenfüllung))
- Glitter in allen Varianten (für: Sensorik-Wanne, Sensorik-Tablett, Sensorik-Flasche (Trockenfüllung und flüssige Füllung), Sensorik-Säckchen (Plastikvariante))

- Knöpfe (für: Sensorik-Wanne, Sensorik-Tablett, Sensorik-Flasche (Trockenfüllung und flüssige Füllung), Sensorik-Säckchen (Trockenfüllung und flüssige Füllung))
- Pailletten in allen Varianten (für: Sensorik-Wanne, Sensorik-Tablett, Sensorik-Flasche (Trockenfüllung und flüssige Füllung), Sensorik-Säckchen (Trockenfüllung und flüssige Füllung))
- Pompons (für: Sensorik-Wanne, Sensorik-Tablett, Sensorik-Flasche (Trockenfüllung und flüssige Füllung), Sensorik-Säckchen (Trockenfüllung und flüssige Füllung))
- Kleine Spieltiere und -figuren (für: Sensorik-Wanne, Sensorik-Tablett, Sensorik-Flasche (Trockenfüllung und flüssige Füllung), Sensorik-Säckchen (Trockenfüllung und flüssige Füllung))
- Wackelaugen (für: Sensorik-Wanne, Sensorik-Tablett, Sensorik-Flasche (Trockenfüllung und flüssige Füllung), Sensorik-Säckchen (Trockenfüllung und flüssige Füllung))

Zum Schnuppern und Riechen: Olfaktorisches

- Gewürze (getrocknete Gewürze) (für: Sensorik-Wanne, Sensorik-Tablett, Sensorik-Säckchen (Trockenfüllung))
- frische Kräuter (für: Sensorik-Wanne, Sensorik-Tablett, Sensorik-Säckchen (Trockenfüllung))
- Lavendel, Rosenblüten und ähnliche Duftpflanzen, frisch oder getrocknet (für: Sensorik-Wanne, Sensorik-Tablett, Sensorik-Säckchen (Trockenfüllung))
- Nori-Blätter (japanische Sushi-Algen) (für: Sensorik-Wanne, Sensorik-Tablett)

Zum Hören und Lauschen: Auditives 

- Glöckchen (für: Sensorik-Wanne, Sensorik-Tablett, Sensorik-Flasche (Trockenfüllung), Sensorik-Säckchen (Trockenfüllung))
- Murmeln (für: Sensorik-Wanne, Sensorik-Tablett, Sensorik-Flasche (Trockenfüllung und flüssige Füllung), Sensorik-Säckchen (Trockenfüllung und flüssige Füllung))
- Perlen (für: Sensorik-Wanne, Sensorik-Tablett, Sensorik-Flasche (Trockenfüllung und flüssige Füllung), Sensorik-Säckchen (Trockenfüllung und flüssige Füllung))

Zum Schmecken – Gustatorisches 

Auch hier gilt: Den Einsatz als geschmackliches Wahrnehmungsmaterial bitte immer unter Berücksichtigung von Schluckstörungen und Unverträglichkeiten planen und nur unter Aufsicht anbieten.

- Gewürze (getrocknete Gewürze) (für: Sensorik-Wanne, Sensorik-Tablett, Sensorik-Säckchen (Trockenfüllung))
- frische Kräuter (für: Sensorik-Wanne, Sensorik-Tablett, Sensorik-Säckchen (Trockenfüllung))
- Lavendel, Kapuzinerkresse und ähnliche essbare Blüten, frisch oder getrocknet (für: Sensorik-Wanne, Sensorik-Tablett, Sensorik-Flasche (Trockenfüllung), Sensorik-Säckchen (Trockenfüllung))
- Nori-Blätter (japanische Sushi-Algen) (für: Sensorik-Wanne, Sensorik-Tablett) Achtung: sehr hoher Jodgehalt. Nur in minimalen Mengen anbieten.

5 Rezepte, Materialvarianten, Selbstgemachtes

Wie viel Zeit muss ich für die Vorbereitung eines Angebotes investieren? Wie hoch werden die Kosten für das Material sein? Und wie hoch ist der „Matschfaktor", sprich: Zeit und Aufwand zum anschließenden Aufräumen und Säubern? Eine Übersicht mit Antworten auf diese Fragen ist jedem Materialrezept vorangestellt, in Form einer Tabelle nach diesem Muster:

Matschfaktor:	●●●
Aufwand:	●
Zeit:	●●
Kosten:	●
Sinne:	[Hände-Symbol]

Den Punkten sind Zeit- und Geldwerte zugeordnet, die wie folgt aufgeschlüsselt werden.

Matschfaktor

- ● voraussichtlich geringe Wisch- oder Kehrarbeiten am Arbeitsplatz notwendig
- ●● voraussichtlich gründliche Reinigung von Arbeitsplatz und Umgebung notwendig
- ●●● voraussichtlich gründliche Reinigung von beteiligten Personen, Arbeitsplatz und Umgebung erforderlich

Aufwand (Vorbereitungsaufwand)

- ● ad hoc umsetzbar
- ●● es sind einige Handgriffe bei Vorbereitung von Arbeitsplatz und Material erforderlich
- ●●● es ist eine längere Vorbereitung von Arbeitsplatz und Material erforderlich

Sind die Zutaten vorhanden, lassen sich viele Angebote sofort umsetzen. Zur Planung wichtig ist hier mitunter die Diskrepanz zwischen Vorbereitungsaufwand und Matschfaktor, wie es z. B. bei den Rasierschaumrezepten der Fall ist (siehe Seite 40 f.): Hier besteht zwar kaum zeitlicher oder organisatorischer Aufwand im Vorfeld, aber deutlicher Aufwand beim Reinigen von Mensch und Umgebung nach Beendigung der Aktion.

Zeit (Durchführungszeit)
● weniger als 10 Minuten
●● ca. 10 Minuten
●●● mehr als 10 Minuten

Kosten (Materialkosten)
● weniger als € 5
●● € 5 bis € 10
●●● mehr als € 10

Die Kosten werden für die erstellte Gesamtmasse aufgelistet, beispielsweise die Komplettmenge an eingefärbtem Sand, die mit dem entsprechenden Rezept erstellt werden kann. Das Material kann potentiell also langfristig und für verschiedene Personen und Aktionen genutzt werden. Die Kosten relativieren sich unter diesen Umständen. Materialkosten lassen sich darüber hinaus oftmals verringern, wenn man in Großpackungen investiert (in große Säcke mit Spielsand statt in kleine Beutel mit Vogelsand, um bei dem Sandbeispiel zu bleiben). Die hier aufgeführten Preisspannen werden jedoch bewusst ohne Großmengenrabatt und Co. angegeben.

Sinne
 haptisch
 visuell
 auditiv
 olfaktorisch
gustatorisch

5.1 Hülsenfrüchte (Bohnen, Erbsen, Linsen)

Das Grundmaterial

Echte „Klassiker" des Wahrnehmungsförderungsmaterials sind Erbsen, Bohnen und Linsen in allen Variationen. Ob gelb, grün, rot oder schwarz – die Hülsenfrüchte kommen von Natur aus in unterschiedlichsten Farben daher. Mit relativ wenig Aufwand lassen sich die weißen Hülsenfrüchte auch in knallige Farbvarianten färben oder als Glitzermaterial verfeinern.

Farbige Hülsenfrüchte, Hülsenfrüchte mit Duft oder Glitzer

Zutaten

- Ungekochte Hülsenfrüchte in beliebiger Form und Größe
- Eine Tube Lebensmittelfarbe à 10 g pro 100 g Hülsenfrüchte, Inhalt in etwas warmem Wasser aufgelöst (bei professioneller Pastenfarbe ist deutlich weniger Farbe nötig)
- 1 Esslöffel Essig
- Optional für Duftvarianten: wahlweise Aromatherapieöl, Lavendelblüten, Gewürze etc.
- Optional für Glitzervarianten: Glitter (einfarbig oder bunt, fein oder grob)

Matschfaktor:	●
Aufwand:	●
Zeit:	● + Trockenzeit
Kosten:	●●
Sinne:	

Material zur Arbeitsplatzorganisation

- Waage
- Gefrierbeutel oder ZipLock-Bag
- Backblech, Tablett o. Ä.
- Backpapier, Silikon-Backmatte, Wachstuch o. Ä.
- Bürsten, Schwämme, Tücher zum Abwaschen
- Mal-/ Matsch-Kittel
- Abwaschbare Unterlage

Durchführung

Die ungekochten Hülsenfrüchte mit der Lebensmittelfarbe in ein Schraubglas oder in eine große Kunststofftüte geben und kräftig durchschütteln, bis sich die Farbe auf den Hülsenfrüchten verteilt hat. Auf einer Backpapierunterlage ausbreiten und an einem warmen Ort mehrere Stunden trocknen lassen. Dabei gelegentlich lockern.

Hülsenfrüchte mit Duft und Glitter

- Glitter: Pailletten, Rocailles-Perlchen oder Glitter in die Hülsenfrüchtemischung geben (während des Färbeprozesses oder danach möglich).
- Duft: Aromatherapieöl unter die Hülsenfrüchte mischen (während des Färbeprozesses oder danach möglich).

Achtung

- Lebensmittelfarbe färbt auf empfindlichen Oberflächen und auf der Haut stark ab! Kontakt mit Oberflächen vermeiden, bei Bedarf mit Latexhandschuhen arbeiten.
- Nicht essbar.

5.2 Nudelvarianten

Das Grundmaterial

Nudeln gibt es in den vielfältigsten Varianten, von kleinen Buchstabennudeln (Suppennudeln) über Schleifennudeln (Farfalle) bis zu großen Nudelröhren (Cannelloni). Es gibt sie in Radform (Ruote), als Ähre (Spighe) oder als – wenn auch kostspieligere – Motivnudeln (Berliner Bär, Kölner Dom etc.). Mit ihnen lassen sich Sensorik-Kisten und –flaschen füllen, Nudelketten auffädeln, Bastelarbeiten oder Sortieraufgaben gestalten.

Farbige Spielnudeln, Duftnudeln, Glitzernudeln

Zutaten

- 100 g Nudeln (ungekocht)
- Eine Tube Lebensmittelfarbe à 10 g pro 100 g Nudeln, Inhalt in etwas warmem Wasser aufgelöst (bei professioneller Pastenfarbe ist deutlich weniger Farbe nötig)
- 1 EL Essig
- Optional für Duftvarianten: wahlweise Aromatherapieöl, Lavendelblüten, Gewürze etc.
- Optional für Glitzervarianten: Glitter (einfarbig oder bunt, fein oder grob)

Matschfaktor:	●
Aufwand:	●
Zeit:	● + Trockenzeit
Kosten:	●●
Sinne:	

Material zur Arbeitsplatzorganisation

- Schüssel
- Waage
- 2 stabile, durchsichtige Tüten (feste Mülltüten, Gleitverschlussbeutel oder Gefrierbeutel in ausreichender Größe). Alternativ: ein großes (Kunststoff-) Glas mit Deckel oder eine Kunststoffdose
- 1 Backblech, Tablett o. Ä.
- Backpapier, Silikon-Backmatte, Wachstuch oder ähnliche Unterlage
- Bürsten, Schwämme, Tücher zum Abwaschen
- Mal-/ Matsch-Kittel
- Abwaschbare Unterlage

Durchführung

Die ungekochten Nudeln in eine Tüte füllen. Die Lebensmittelfarbe in etwas warmem Wasser auflösen und dazugeben; den Essig ergänzen. Die Tüte verschließen. Eine „Sicherungstüte“ (Zipp-Bag) darüber stülpen und ebenfalls verschließen. Die Nudeltüte rollen, werfen, kneten etc., bis die Nudeln die Farbe angenommen haben. Alternativ die Nudeln in ein (Kunststoff-) Schraubglas füllen und schütteln, rollen, shaken.

Die gefärbten Nudeln auf einer Backpapierunterlage oder Ähnlichem trocknen lassen. Die einzelnen Nudeln kleben aneinander, daher möglichst weitflächig auslegen und gelegentlich lockern. An einem warmen Ort mehrere Stunden trocknen lassen.

Glitter- und Duft-Nudeln

- Glitternudeln: Pailletten, Rocailles-Perlchen oder Glitter in die Farbnudeln geben (während des Färbeprozesses oder danach möglich).
- Duftnudeln: Aromatherapieöl, Lavendelblüten, losen Tee oder Gewürze unter die Nudeln mischen (während des Färbeprozesses oder danach möglich).

Achtung

- Lebensmittelfarbe färbt auf empfindlichen Oberflächen und auf der Haut stark ab! Kontakt mit Oberflächen vermeiden, bei Bedarf mit Latexhandschuhen arbeiten.
- Nicht essbar.

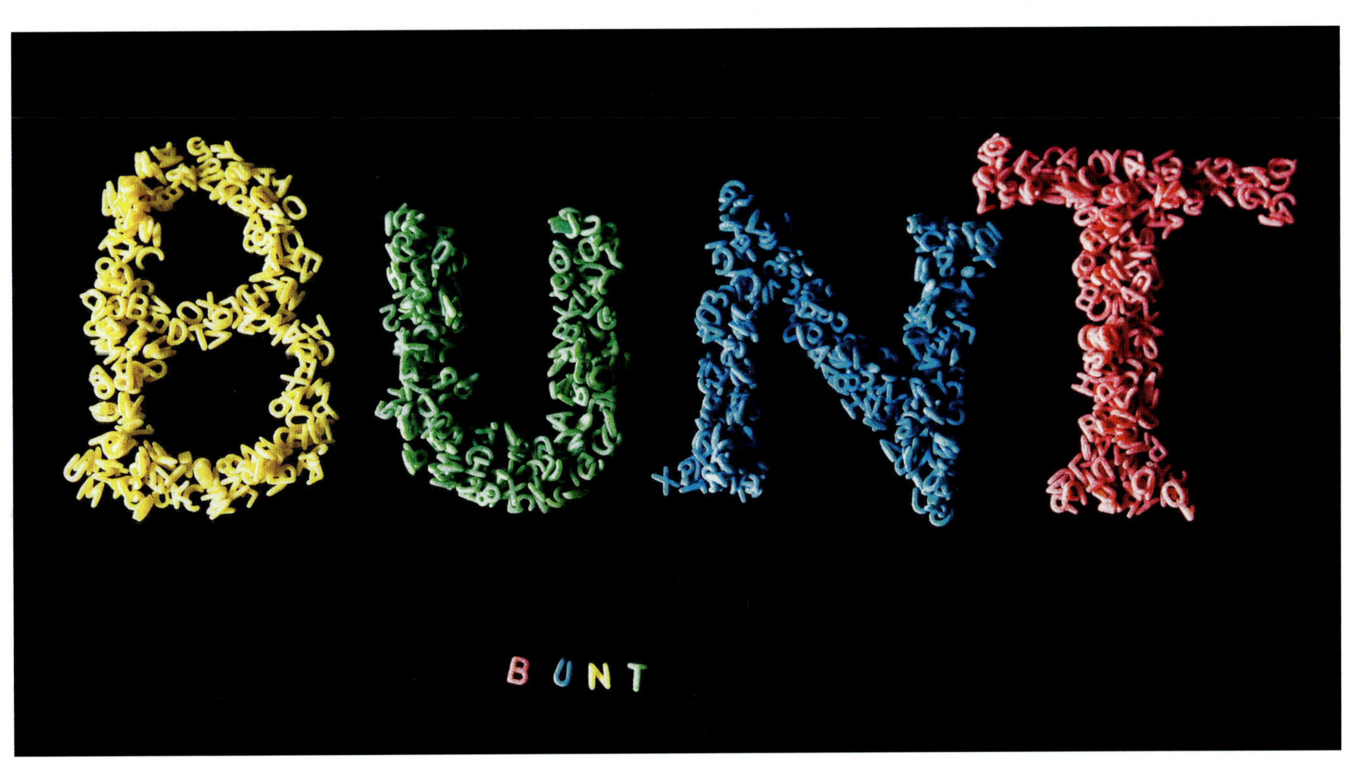

5.3 Rasierschaumvarianten

Das Grundmaterial

Auch der Rasierschaum zählt zu den Klassikern der Wahrnehmungsförderung. In ihm lassen sich wunderbar Dinge verstecken und finden.

Matschfaktor:	●●●
Aufwand:	●
Zeit:	●
Kosten:	●
Sinne:	

Rasierschaum Farbe, Duft, Glitzer

Zutaten

- 1 Dose Rasierschaum, alternativ Rasiercreme oder Rasierseife zur Herstellung selbst angerührten Rasierschaums
- Eine Tube Lebensmittelfarbe à 10 g, Inhalt in etwas warmem Wasser aufgelöst (bei professioneller Pastenfarbe ist deutlich weniger Farbe nötig)
- Optional für Duftvarianten: wahlweise Aromatherapieöl, Lavendelblüten, Gewürze etc.
- Optional für Glitzervarianten: Glitter und Glimmer (einfarbig oder bunt, fein oder grob)

Material zur Arbeitsplatzorganisation

- Schüssel
- bei selbstangerührtem Rasierschaum: Rasierpinsel
- 2 stabile, durchsichtige Tüten (feste Mülltüten, Gleitverschlussbeutel oder Gefrierbeutel (in ausreichender Größe). Alternativ: Ein großes (Kunststoff-) Glas mit Deckel oder eine Kunststoffdose
- 1 Backblech, Tablett o. Ä.
- Backpapier, Silikon-Backmatte, Wachstuch oder ähnliche Unterlage
- Bürsten, Schwämme, Tücher zum Abwaschen
- Mal-/ Matsch-Kittel
- Abwaschbare Unterlage

Durchführung

Den Rasierschaum aus Rasierseife und etwas warmem Wasser mit dem Rasierpinsel in einer Schüssel aufschlagen. Alternativ den Rasierschaum aus der Sprühdose in die Schüssel füllen. Die Lebensmittelfarbe in ein wenig warmem Wasser auflösen und auf den Schaum geben. Mit Löffel oder Pinsel vermischen. Bei Einsatz der angegebenen Farbmenge entstehen Pastelltöne. Vorsicht bei kräftigeren Farbmischungen mit mehr Farbzugabe: Die Lebensmittelfarbe bleibt in dem feuchten Rasierschaum färbend. Der Schaum bringt einen eigenen Duft mit sich (auch bei Verwendung von Sensitiv-Rasierschaum). Für weitere Duftvarianten Aromatherapieöle, Kräuter und Co. untermischen. Glitzervarianten entstehen durch die Beigabe von Glitter und Glimmer, kleben aber an Haut und Gegenständen.

Achtung

- Lebensmittelfarbe färbt auf empfindlichen Oberflächen und auf der Haut stark ab! Kontakt mit Oberflächen vermeiden, bei Bedarf mit Latexhandschuhen arbeiten.
- Nicht essbar.

Schaumteig-Varianten

Matschfaktor:	●●●
Aufwand:	●
Zeit:	●●
Kosten:	●
Sinne:	🖐🖐

Zutaten

- 1 Dose Rasierschaum, alternativ Rasiercreme oder Rasierseife zur Herstellung selbst angerührten Rasierschaums
- 1 Packung Speisestärke
- Optional für pastellfarbenen Schaumteig: eine Tube Lebensmittelfarbe à 10 g, Inhalt in etwas warmem Wasser aufgelöst (bei professioneller Pastenfarbe ist deutlich weniger Farbe nötig)
- Optional für Duftvarianten: Aromatherapieöl, Parfum etc.
- Optional: zusätzliche Gegenstände (Spielfiguren etc.)

Material zur Arbeitsplatzorganisation

- Schüssel
- Bei selbstangerührtem Rasierschaum: Rasierpinsel
- Bürsten, Schwämme, Tücher zum Abwaschen
- Ggf. Staubsauger
- Mal-/ Matsch-Kittel
- Abwaschbare Unterlage

Durchführung

Von „luftig-seidig" bis „pampig fest" hat der Schaumteig so einiges zu bieten. Die Mischung macht's: Im Verhältnis 1:1 vermischt ergibt die Rasierschaum-Speisestärkemischung eine halbfeste Pampe. Überwiegt der Rasierschaum, so erhält man eine fluffige, voluminöse Masse. Krümelig und bröselig wird der Schaumteig bei Zugabe von mehr Speisestärke. Es lohnt sich also, Schaum und Stärke für den Schaumteig etappenweise zu vermischen, um die unterschiedlichen, haptischen Qualitäten erfahren und erspielen zu können. Insbesondere als Schnee-Ersatz lässt sich der (gekühlte) Schaumteig vom leichten Neuschnee bis zum Schneematsch hervorragend einsetzen. Schneeunabhängig bietet der Schaumteig, ergänzt durch die entsprechenden thematischen Elemente (siehe Seite 83 und Seite 110), ein interessantes Füll- und Fühlmaterial für Sensorik-Kisten.

Achtung

- Nicht essbar.
- Augenkontakt vermeiden.
- Die staubende Speisestärke wird rutschig, wenn sie auf glatte Böden stäubt oder zusammengekehrt wird.
- Der Schaumteig klebt an (Stoff-) Malkitteln und wird beim Trocknen krümelig.
- Große Mengen an Schaumteig nur stark verdünnt im Abfluss entsorgen. Alternativ in den Hausmüll geben.

Brodelnder Schaumteig

Matschfaktor:	●●●
Aufwand:	●
Zeit:	● – ●●●
Kosten:	●●
Sinne:	👐 👃 👀

Zutaten

- 1 Dose Rasierschaum oder mit Rasiercreme bzw. Rasierseife selbst angerührter Rasierschaum
- 1 Packung Speisestärke
- Etwas Natron bzw. Backpulver
- Etwas Tafelessig
- Optional für pastellige Farbvarianten: eine Tube Lebensmittelfarbe à 10 g, Inhalt in etwas warmem Wasser aufgelöst (bei professioneller Pastenfarbe ist deutlich weniger Farbe nötig)
- Optional für Duftvarianten: wahlweise Aromatherapieöl, Lavendelblüten, Gewürze etc.
- Optional für Glitzervarianten: Glitter (einfarbig oder bunt, fein oder grob) optional: zusätzliche Gegenstände (Spielfiguren etc.)

Material zur Arbeitsplatzorganisation

- Schüssel
- Bei selbstangerührtem Rasierschaum: Rasierpinsel
- Pipette oder Spritzflasche
- Mal-/ Matsch-Kittel
- Bürsten, Schwämme, Tücher zum Abwaschen
- Ggf. Staubsauger
- Mal-/ Matsch-Kittel
- Abwaschbare Unterlage

Durchführung

Eine besondere Schaumteigvariante, die auch als Farb- oder Glitzervariante funktioniert, ist der brodelnde Schaumteig. Durch Zugabe von Natron und etwas Essig entsteht wie von Zauberhand eine blubbernde Schaummasse. Aber Achtung: Essig ist Säure. Augenkontakt unbedingt vermeiden und folglich bei Personen mit reflexhaften Handbewegungen in Richtung Gesicht nicht als Angebot einsetzen. Bitte auf ausreichenden Abstand zwischen Brodelschaum und Gesicht achten. In puncto Duft dominiert ganz klar: der Essiggeruch.

Achtung

- Ausreichend Abstand halten, v. a. mit dem Gesicht
- Nur unter Aufsicht ausführen lassen.
- Darüber hinaus gelten die gleichen Hinweise, wie für den ☞ *weißen Schaumteig* bzw. die als Grundmischung verwendete Schaumteigvariante (☞ *Farbiger Schaumteig*, ☞ *Glitzer-Schaumteig*, ☞ *Schaumteig mit Duft*).

5.4 Reisvarianten

Das Grundmaterial

Egal, ob dicker Milchreis, Langkornreis oder der rustikale Vollkornreis verwendet wird – Reis eignet sich hervorragend zum Einfärben und ist ein vielseitiges Füllmaterial. Duftreisvarianten wie Basmati- und Jasminreis steuern ihren eigenen, feinen Duft bei. Zum Färben weniger geeignet sind rote und braune Reisvarianten sowie Wildreis.

Farbiger Spielreis, Duftreis, Glitzerreis

Matschfaktor:	●
Aufwand:	●
Zeit:	● + Trockenzeit
Kosten:	●●
Sinne:	

Zutaten

- 100 g Reis (ungekocht)
- eine Tube Lebensmittelfarbe à 10 g pro 100 g Reis, Inhalt in etwas warmem Wasser aufgelöst (bei professioneller Pastenfarbe ist deutlich weniger Farbe nötig)
- 1 EL Essig
- Optional für Duftvarianten: wahlweise Aromatherapieöl, Lavendelblüten, Gewürze etc.
- Optional für Glitzervarianten: Glitter (einfarbig oder bunt, fein oder grob)

Material zur Arbeitsplatzorganisation

- Schüssel
- Waage
- 2 stabile, durchsichtige Tüten (feste Mülltüten, Gleitverschlussbeutel oder Gefrierbeutel (in ausreichender Größe)). Alternativ: ein großes (Kunststoff-) Glas mit Deckel oder eine Kunststoffdose
- 1 Backblech, Tablett o. Ä.
- Backpapier, Silikon-Backmatte, Wachstuch oder ähnliche Unterlage
- Bürsten, Schwämme, Tücher zum Abwaschen
- Mal-/ Matsch-Kittel
- Abwaschbare Unterlage

Durchführung

Die Lebensmittelfarbe in etwas warmem Wasser auflösen. Den Essig ergänzen. Den Reis in eine Tüte füllen, die Farb-Essigmischung auf den Reis geben und die Tüte fest verschließen. Eine „Sicherungstüte" (Zipp-Bag) darüber stülpen und ebenfalls verschließen. Den Reis durch Kneten, Werfen und Rollen der Tüten einfärben, bis sich Farbe und Reiskörner vollständig vermischt haben. Als „Zero-Waste-Variante" einen Kunststoffbehälter nutzen (Hinweis: Die Lebensmittelfarbe kann abfärben. Der Behälter sollte sofort nach der Nutzung gereinigt werden.) Den Farbreis an einem warmen Ort auf einer Backpapierunterlage oder ähnlichem trocknen lassen und des Öfteren auflockern.

Glitter- und Duft-Nudeln

- Glitterreis: Den Reis mit Pailletten, Rocailles-Perlchen oder Glitter mischen. Bei Farbreis ist dies sowohl während des Färbeprozesses als auch danach möglich.
- Duftreis: Aromatherapieöl oder sonstige flüssige Duftstoffe (Backaromen, Parfum etc.) unter den Reis mischen (während des Färbeprozesses oder danach möglich).

Achtung

- Lebensmittelfarbe färbt auf empfindlichen Oberflächen und auf der Haut stark ab! Kontakt mit Oberflächen vermeiden, bei Bedarf mit Latexhandschuhen arbeiten.
- Nicht essbar.

5.5 Sandvarianten

Das Grundmaterial

Sand ist im Handel in verschiedenen Körnungen erhältlich, vom feinen Spielsand bis zu grobem Bausand aus dem Heimwerkermarkt. Bei Nutzung von Vogelsand empfiehlt es sich, diesen zu sieben, da mitunter spitze Kalk- und Muschelgritteilchen in den Sand gemischt sind.

Matschfaktor:	●●●
Aufwand:	●
Zeit:	● + Trockenzeit
Kosten:	●
Sinne:	

Farbiger Spielsand, Duftsand und Glittersand

Zutaten

- 250 g Sand in beliebiger Körnung
- eine Tube Lebensmittelfarbe à 10 g pro 100 g Sand, Inhalt in etwas warmem Wasser aufgelöst (bei professioneller Pastenfarbe ist deutlich weniger Farbe nötig)
- 1 EL Essig
- Optional für Duftvarianten: wahlweise Aromatherapieöl, Lavendelblüten, Gewürze etc.
- Optional für Glitzervarianten: Glitter (einfarbig oder bunt, fein oder grob)

Material zur Arbeitsplatzorganisation

- Schüssel
- Für das Durchsieben: Löffel, Sieb und zusätzliche Schüssel
- 2 stabile, durchsichtige Tüten (feste Mülltüten, Zipp-Bags oder Gefrierbeutel (in ausreichender Größe)). Alternativ: ein großes (Kunststoff-) Glas mit Deckel oder eine Kunststoffdose
- 1 Backblech oder Tablett
- Backpapier, Silikon-Backmatte, Wachstuch oder ähnliche Unterlage
- Bürsten, Schwämme, Tücher zum Abwaschen
- Ggf. Staubsauger
- Mal-/ Matsch-Kittel
- Abwaschbare Unterlage

Durchführung

Für eine feine Körnung wird „Vogelsand", dem in der Regel kleine Muschelschalenstücke untergemischt sind, durch ein feines Sieb gesiebt – eine gute und zielorientierte Übung für die Auge-Hand-Koordination. Achtung: Die herausgesiebten Muschelschalen können spitz und scharf sein. Alternativ kann ungesiebter Spielsand genutzt werden. Für eine gute Leuchtkraft werden etwa 250 g Sand und der Inhalt einer 10 g Tube Speisefarbe benötigt, für pastellige Tönungen etwa 5 g.

Wenn der Färbeprozess gemeinsam durchgeführt werden soll, empfiehlt sich die „Tütenmethode": Sand und Lebensmittelfarbe in eine Tüte füllen, die Luft herausstreichen und die Tüte fest verknoten bzw. per

ZipLock verschließen. Eine zweite Tüte oder ZipBag kann als zusätzliche, mehrfach verwendbare Schutzhülle dienen. Nun kann die Sandtüte geknetet, gerollt, geschüttelt und geworfen werden, bis sich Sand und Farbe vollständig vermischt haben. Hierbei sind verschiedene Spielvarianten möglich (zum Beispiel in Form des Spiels „Heiße Kartoffel, siehe Seite 130).

Zum Trocknen wird der gefärbte Sand in einer dünnen Schicht auf Backpapier oder einer ähnlichen Unterlage ausgebreitet. Der gefärbte, feuchte Sand neigt zum Verklumpen, daher den Sand in möglichst dünnen Schichten trocknen lassen und ggf. mit einer Gabel gelegentlich auflockern. Je nach Umgebungstemperatur bitte ausreichend Zeit zum Trocknen einplanen.

Bestehen nach dem Trockenprozess noch Klumpen, kann der Sand erneut in einer Tüte bearbeitet werden. Alternativ den Sand in eine durchsichtige Kunststoffflasche füllen und, ähnlich einer Rassel, kräftig durchschütteln lassen.

Mitunter findet sich der Tipp, Sand mit zerriebener Straßenkreide zu färben. Das Zerreiben der Kreide bringt viel Staub mit sich. Wird eine Küchenreibe verwendet, besteht darüber hinaus Verletzungsgefahr für die Finger. Das Ergebnis ist zudem weniger farbintensiv und deutlich krümeliger.

Mit Stoffmalfarbe gefärbt leuchtet der Sand besonders intensiv. Allerdings birgt die Stoffmalfarbe mehr Giftstoffe in sich, als die Lebensmittelfarbe. Aus diesem Grund wird hier auf die Stofffarbvariante nicht näher eingegangen.

Glitter- und Duft-Sand

- Glitzersand: Pailletten, Rocailles-Perlchen oder Glitter in die Sand-Farbmischung geben (während des Färbeprozesses oder danach möglich)
- Duftsand: Aromatherapieöl, Lavendelblüten oder Gewürze unter den Sand mischen (während des Färbeprozesses oder danach möglich)

Achtung

- Lebensmittelfarbe mit Handschuhen bearbeiten (färbt ab).
- Nicht essbar.
- Augenkontakt vermeiden.

Zaubersand

Auch wenn es der Name anders vermuten lässt: Sand fehlt als Zutat im Zaubersandrezept. Die Konsistenz des Materials erinnert an feinen, feuchten Sand. Zaubersand ist gut formbar und bietet auch ohne Zugabe von Klebstoffen ein haltbares Material zum Kneten, Formen und Bauen.

Matschfaktor:	●●
Aufwand:	●
Zeit:	●
Kosten:	●
Sinne:	

Zutaten

- 960 g Mehl
- 120 ml Öl (Pflanzenöl oder Babyöl)
- Optional für Farbvarianten: 1 Tube Lebensmittelfarbe à 10 g, Inhalt in etwas warmem Wasser aufgelöst (bei professioneller Pastenfarbe ist deutlich weniger Farbe nötig)
- Optional für Duftvarianten: wahlweise Aromatherapieöl, Lavendelblüten, Gewürze etc.
- Optional für Glitzervarianten: Glitter (einfarbig oder bunt, fein oder grob)

Material zur Arbeitsplatzorganisation

- Schüssel
- Für das Durchsieben: Löffel, Sieb und zusätzliche Schüssel
- 2 stabile, durchsichtige Tüten (feste Mülltüten, Zipp-Bags oder Gefrierbeutel (in ausreichender Größe)). Alternativ: ein großes (Kunststoff-) Glas mit Deckel oder eine Kunststoffdose
- 1 Backblech oder Tablett
- Backpapier, Silikon-Backmatte, Wachstuch oder ähnliche Unterlage
- Bürsten, Schwämme, Tücher zum Abwaschen
- Ggf. Staubsauger
- Mal-/ Matsch-Kittel
- Abwaschbare Unterlage

Durchführung

Nach und nach Mehl und Öl mischen und verkneten. Bei Bedarf zusätzliches Mehl oder Öl hinzufügen, bis die gewünschte Konsistenz erreicht ist. Optional die aufgelöste Lebensmittelfarbe einarbeiten (Tipp: Haushaltshandschuhe, Löffel o. Ä. nutzen). Je nach gewünschter Variante Glitter, Glimmer, Duftöl und Co. untermischen.

Zaubersand ist deutlich besser formbar, als „normaler“ Sand. Zudem trocknet er weniger schnell aus. Er verfügt jedoch nicht über die Elastizität von sogenanntem „kinetischem Sand“. Zwar lässt auch dieser sich selber herstellen, doch da dessen Herstellung zusätzlich Zutaten wie Flüssigkleber und Flüssigwaschmittel erfordert, wird dieses Rezept hier nicht berücksichtigt.

Achtung

- Lebensmittelfarbe mit Handschuhen bearbeiten (färbt ab).
- Nicht essbar.
- Augenkontakt vermeiden.

5.6 Wasservarianten

Das Grundmaterial

Wasser ist bei vielen Menschen ein beliebtes Element, egal ob im Sommer zur Abkühlung oder im Winter in Form von Schnee oder Eis. Und auch mit Wasser lassen sich überraschende Sensorikvarianten kreieren, vom duftenden Schaum bis zum „echten" Meerwasser mit Salz und Algen.

Matschfaktor:	●
Aufwand:	●
Zeit:	●
Kosten:	●●●
Sinne:	

Buntes Wasser oder Eis

Zutaten

- 1 l Wasser
- Einige Spritzer Lebensmittelfarbe, in etwas warmem Wasser aufgelöst (bei professioneller Pastenfarbe ist deutlich weniger Farbe nötig)
- Optional für Eisvarianten: Behälter zum Gefrieren (Eiswürfelbehälter, Backform, Schüssel etc.)
- Optional: Spielfiguren (für die Beschäftigung im Wasser oder um sie im Eis einzufrieren und danach bespielen zu lassen)
- Optional für Duftvarianten: wahlweise Aromatherapieöl, Lavendelblüten, Gewürze etc.

Material zur Arbeitsplatzorganisation

- Große Schüssel oder Eimer
- Sensorik-Wanne oder Flaschen zum Umfüllen
- Handtücher und Aufnehmer
- Ggf. Mal-/ Matsch-Kittel
- Wasserresistente Unterlage

Durchführung

Das Wasser wird mit der aufgelösten Lebensmittelfarbe vermischt und erhält so variantenreiche Farben. Wenn gewünscht, können Duftstoffe ergänzt werden. Schön ist die Kombination von farbigem Wasser mit bunten Eiswürfelvarianten.

Auf die Zugabe von Glitzer und Glimmer wird bewusst verzichtet, da sich die Glitzerpartikel bei dieser Sensorikvariante stark in der Umgebung und am Körper verteilen.

Achtung

- Nicht essbar.
- Augenkontakt vermeiden.

Meereswasser

Matschfaktor:	●
Aufwand:	●
Zeit:	●
Kosten:	●●●
Sinne:	

Zutaten

- 1 l Wasser
- 1 Nori Blatt (Seetang für Sushi)
- 100 g Meersalz (wahlweise grob oder fein)
- Optional: Muscheln, Kiesel, Spielmaterial

Material zur Arbeitsplatzorganisation

- Große Schüssel oder Eimer
- Sensorik-Wanne oder Flaschen zum Umfüllen
- Handtücher und Aufnehmer
- Ggf. Mal-/ Matsch-Kittel
- Wasserresistente Unterlage

Durchführung

Das Salz in das Wasser geben und auflösen. Grobes Salz ergibt ein zusätzliches, haptisches Element, wenn es von Hand aufgelöst wird. Das Noriblatt in kleine Streifen reißen und in das Wasser geben. Achtung in geschlossenen Räumen: Die Algen sind sehr geruchsintensiv!

Aufgrund des hohen Jodgehaltes der Algen das „Meereswasser“ als gustatorischen Stimulus nur in kleinen Probierportionen anbieten.

Achtung

- Augenkontakt vermeiden.
- Nur als Probierportion verzehrbar.

Schaumbadvarianten

Matschfaktor:	●
Aufwand:	●
Zeit:	●
Kosten:	●
Sinne:	(Hände, Augen, Nase)

Zutaten
- 200 ml Babyshampoo
- 200 ml Wasser
- 5 Tropfen Aromatherapieöl

Material zur Arbeitsplatzorganisation
- Schüssel
- Flasche oder ähnlicher Behälter zum Abfüllen des Badeschaums
- Handtücher und Aufnehmer
- Mal-/ Matsch-Kittel
- Abwaschbare Unterlage

Durchführung
Babyshampoo und Wasser in einer Schüssel vermischen. Aromtherapieöl hinzugeben. Die Mischung in den Behälter füllen.

Die Schaumbadflüssigkeit mit Wasser aus dem Duschkopf zu Schaum aufschlagen oder alternativ in laufendes (Bade-)Wasser geben.

Achtung
- Augenkontakt vermeiden.

6 Lernzielorientierte und fachbezogene Sensorikangebote

Im Folgenden werden Beispiele vorgestellt, die die Einbindung der Sensorik-Materialien in lernzielorientierte Arbeitsphasen zeigen. Angaben zur Herstellung der entsprechenden Materialien finden sich in Kapitel 5. Die abgebildeten Aufgabenblätter werden als Arbeitsmaterial zum Download zur Verfügung gestellt (siehe Link auf Seite 142).

6.1 Sprache / Deutsch

Anlaute und Buchstaben

Zwischen großen Kiefernzapfen verstecken sich eine Feder, ein Salat, ein Esel und ein kleiner Besen. Dazu liegt eine laminierte Arbeitskarte mit den entsprechenden Anlauten der Gegenstände bereit. Wem gelingt es, sie den korrekten Feldern zuzuordnen? Zur TEACCH-Strukturierung können die Wortkarten ausgeschnitten und auf einzelne Körbchen oder Fächer geklebt werden, in denen die passenden Gegenstände dann abgelegt werden können. Auch eine Kiste mit Zuordnungsschlitzen kann mit der Aufgabenvor-

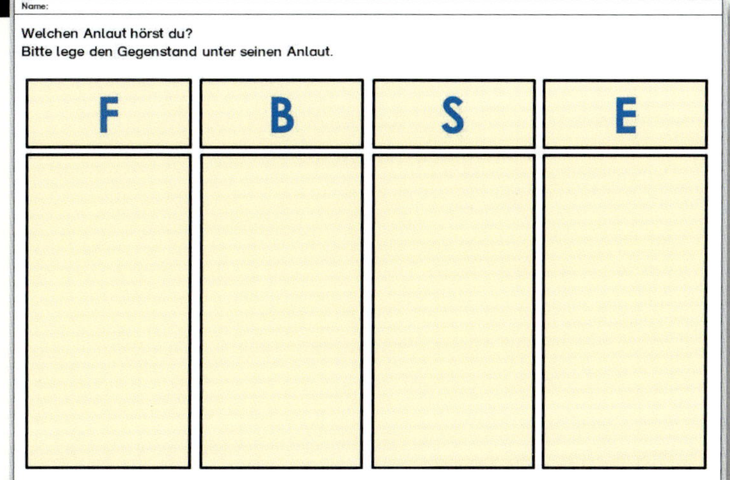
Name:

Welchen Anlaut hörst du?
Bitte lege den Gegenstand unter seinen Anlaut.

F	B	S	E

lage bestückt werden. Im Auftrag auf der Arbeitskarte steht das schwierige Wort „Gegenstand". Falls das Erlesen Probleme bereiten sollte, kann ein Klebepunkt für einen Vorlesestift ergänzt werden.

Viele weiche Filzbuchstaben tummeln sich zwischen festen, glatten Maiskörnern. Eine Pinzette liegt zum Herausgreifen bereit. Die Filzbuchstaben können auf dem zugehörigen Arbeitsblatt sortiert und fixiert werden.

Ist die Zuordnung noch nicht möglich, können die Buchstaben auf einem einzelnen Blatt als bunte Sammlung aufgeklebt werden. Alternativ bietet sich die Bereitstellung unterschiedlicher Sortierkästchen zur optischen Differenzierung oder zur Anlautzuordnung an.

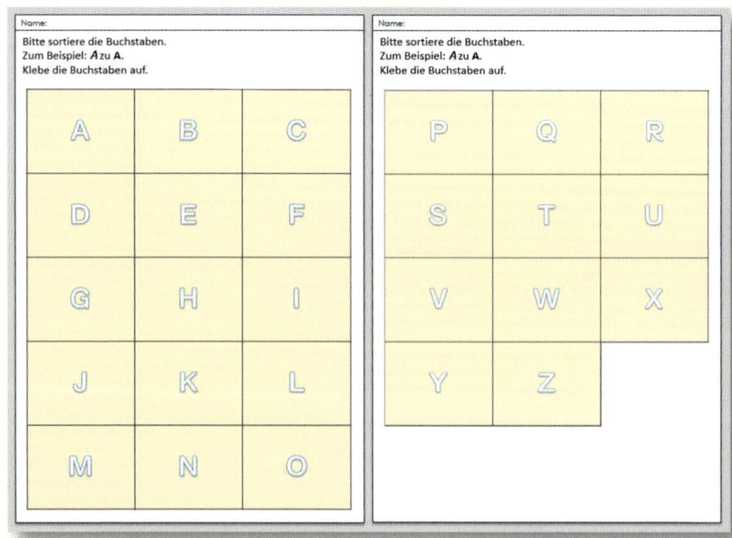

Name:

Bitte sortiere die Buchstaben.
Zum Beispiel: **A** zu **A**.
Klebe die Buchstaben auf.

A	B	C
D	E	F
G	H	I
J	K	L
M	N	O

Name:

Bitte sortiere die Buchstaben.
Zum Beispiel: **A** zu **A**.
Klebe die Buchstaben auf.

P	Q	R
S	T	U
V	W	X
Y	Z	

Die Filzbuchstaben A, E, I, O und U lassen sich in dieser Flasche zwischen Puffkreiskügelchen entdecken und auf einer Aufgabenkarte ankreuzen. Einen der Vokale gibt es in doppelter Ausführung. Welcher ist es?

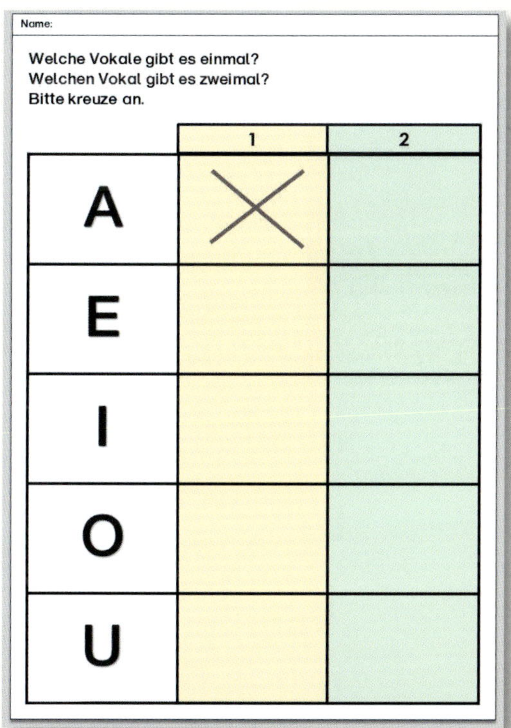

Name:

Welche Vokale gibt es einmal?
Welchen Vokal gibt es zweimal?
Bitte kreuze an.

	1	2
A	X	
E		
I		
O		
U		

Name:

Im Beutel sind Großbuchstaben.
In der Tabelle stehen kleine Buchstaben.
Bitte schreibe den passenden Großbuchstaben dazu .

d	
b	
i	
h	
k	
k	
u	

In einem Säckchen mit rotem Reis sind unterschiedliche blaue Filzbuchstaben versteckt.

Auf einem Arbeitsblatt werden die gefundenen Buchstaben neben ihre kleinen Verwandten geschrieben, um die Zuordnung von Groß- zu Kleinbuchstaben zu üben. Die Buchstaben im Säckchen können als Hilfestellung zum Abschreiben genutzt werden.

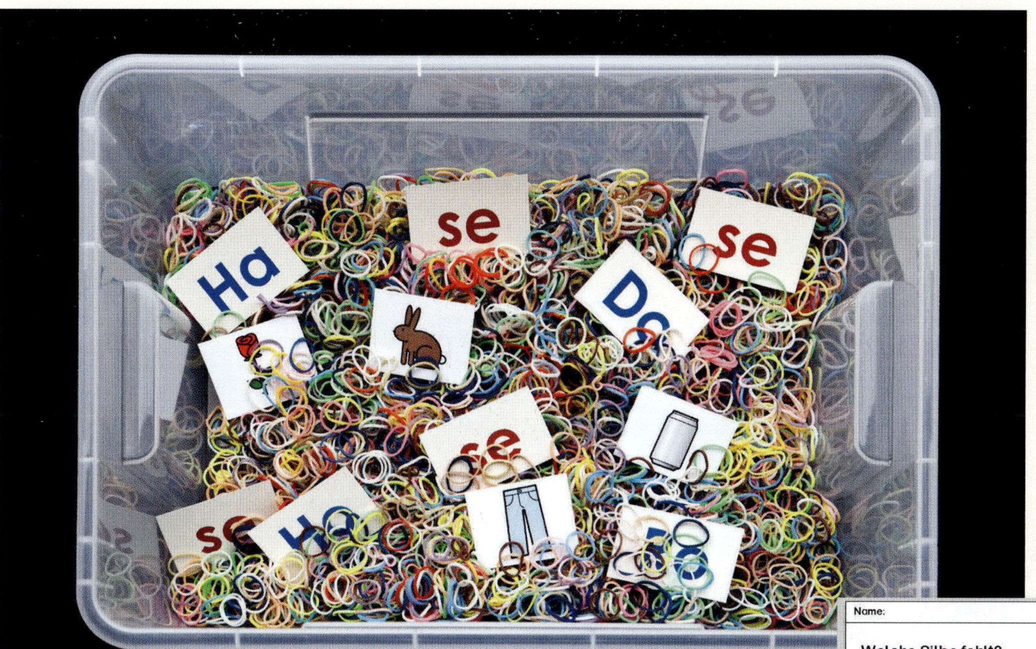

Name:

Welche Silbe fehlt?
Bitte schreibe sie auf.

		se
		se
		se
		se

Ha – Ro – Ho - Do

Silben und Wörter

Zwischen bunten Gummibändern liegen Silbenkarten. Jeweils eine rote und blaue Silbenkarte sollen zu einem Wort kombiniert werden. Eine leichte Aufgabe – schließlich enden alle Wörter auf die Silbe „-se". Aber welche Silbenkombination ergibt welches Wort? Und welches Bild gehört zum Wort?

Ein Arbeitsblatt greift die Zuordnung der Anfangssilben auf.

Stift, Lineal, Radierer und Co. – schulische Alltagsgegenstände liegen zwischen Spielmais-Sticks.

Für Lernende, die Deutsch als Zweitsprache sprechen (DaZ), liegt die Schwierigkeit oftmals in der Benennung des zugehörigen Artikels. Auf der im Format A3 ausgedruckten Vorlage können die Gegenstände auf den entsprechenden Artikelfeldern abgelegt werden. Die Farben orientieren sich an den Montessori-Zuordnungen. Ein Lösungsblatt ermöglicht die Selbstkontrolle.

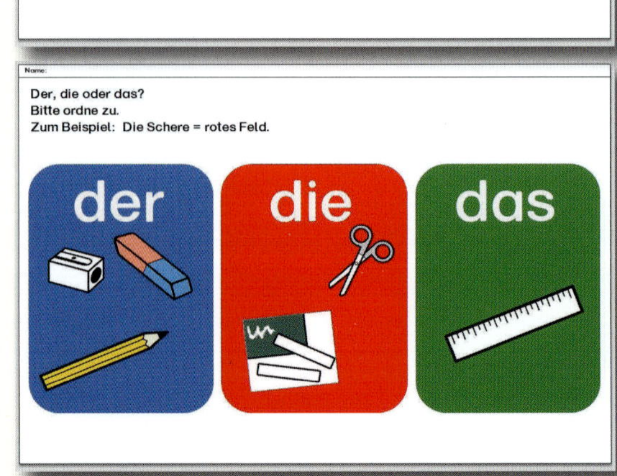

Ein Huhn, eine Ente, ein Ball, eine Lampe, eine Feder und eine Blume lassen sich zwischen buntgefärbten Buchstabennudeln in der Sensorik-Flasche entdecken.

Eine Liste fragt in Wortform ab, welche Dinge in der Flasche stecken. Ist ein Gegenstand vorhanden, wird hinter dem entsprechenden Wort ein Haken gesetzt. Eine Kopie der Liste, die bereits korrekt ausgefüllt wurde, bietet die Möglichkeit zur Selbstkontrolle.

Name:

Was ist in der Flasche?
Bitte kreuze an.

Huhn	X
Sofa	
Ente	
Ball	
Esel	
Lampe	
Hut	
Feder	
Blume	
Hose	

Vier Wörter mit drei Buchstaben: Opa, Hut, Bus und Ufo haben es sich im grünen Duschgel gemütlich gemacht. Wer findet sie? Vier einzelne Perlen können als Trennstriche eingesetzt werden und spiegeln die Anzahl der im Sensorik-Säckchen versteckten Wörter. Profis finden unter Umständen Wörter mit mehr als drei Buchstaben, z. B. das Wort Auto.

Auf einem Arbeitsblatt können die entdeckten Wörter aufgeschrieben werden. Als Hilfestellung sind die passenden Symbole abgedruckt. Einzeln ausgedruckt und ausgeschnitten können sie als Unterstützung während der Beschäftigung mit dem Sensorik-Säckchen dienen, um das Zusammenlegen der Wörter zu erleichtern. Das untere Hilfsfeld mit den Einzelbuchstaben erleichtert die Orientierung, wenn die verwendeten Buchstaben durchgestrichen werden.

Name:

Welche Wörter findest du?
Bitte schreibe sie auf.

1)	
2)	
3)	
4)	

O – U – P – B – O – A – U – T – H – F – U – S

Literatur

Frau Holle schüttelt die Betten aus und die Sensorik-Wanne füllt sich mit weichen Wattebäuschen und flauschigen Federn. Für fleißige Helferinnen und Helfer hat Frau Holle ein paar Goldmünzen versteckt. Aber welche Arbeit hat Goldmarie dafür leisten müssen?

Ein Quiz, das in Partnerarbeit gespielt wird, testet das Märchenwissen. Zu den Fragekarten gibt es passende Lösungskarten. Leseexperten spielen mit Karten ohne Symbole. Bereitet das Lesen noch Schwierigkeiten, kann ein Vorlesestift die Karten ergänzen.

Name:

Liebesbriefe für die Löwin.
Wer hat welche Idee?
Bitte verbinde.

Affe	fliegen
Geier	tauchen
Krokodil	Banane essen
Nilpferd	Giraffe essen

Ein Sensorik-Tablett in Anlehnung an das Buch „Die Geschichte vom Löwen, der nicht schreiben konnte“: Affe, Krokodil, Mistkäfer und natürlich der Löwe tummeln sich auf diesem Sensorik-Tablett. Ein leicht angespitztes Stöckchen dient als Stift, um Wörter in den Sand zu schreiben.

Eine Zuordnungsaufgabe zum Buch ergänzt das Sensorik-Tablett. Wer erinnert sich, welche Lösungen die Tiere dem Löwen als Antwort auf sein Problem vorgeschlagen haben? Für Leseexperten kann die Zuordnung in Schriftform angeboten werden. Gruß, Löwe!

Jetzt wird es unheimlich, denn der nächste Gruß kommt aus der Geisterbahn. Eine Gummischlange und einige Spinnen treiben als Gruselpräparate im Wasser, das mit Lebensmittelfarbe Grün eingefärbt wurde. Eine Requisite aus der Geisterbahn – passend zum Buch „Das Geheimnis der Geisterbahn" (die Leichte-Sprache-Version des Buches „Mumienwächter" von Stefan Gemmel).

Für Leselustige gibt es ein Arbeitsblatt, auf dem die Namen einiger Figuren den entsprechenden Bildern zugeordnet werden sollen.

Name:

Stefan Gemmel: Das Geheimnis der Geisterbahn

Wer ist wer?
Bitte verbinde.

Yxi

Bonnie

Collin

Karlotta

Rolf

Vampir

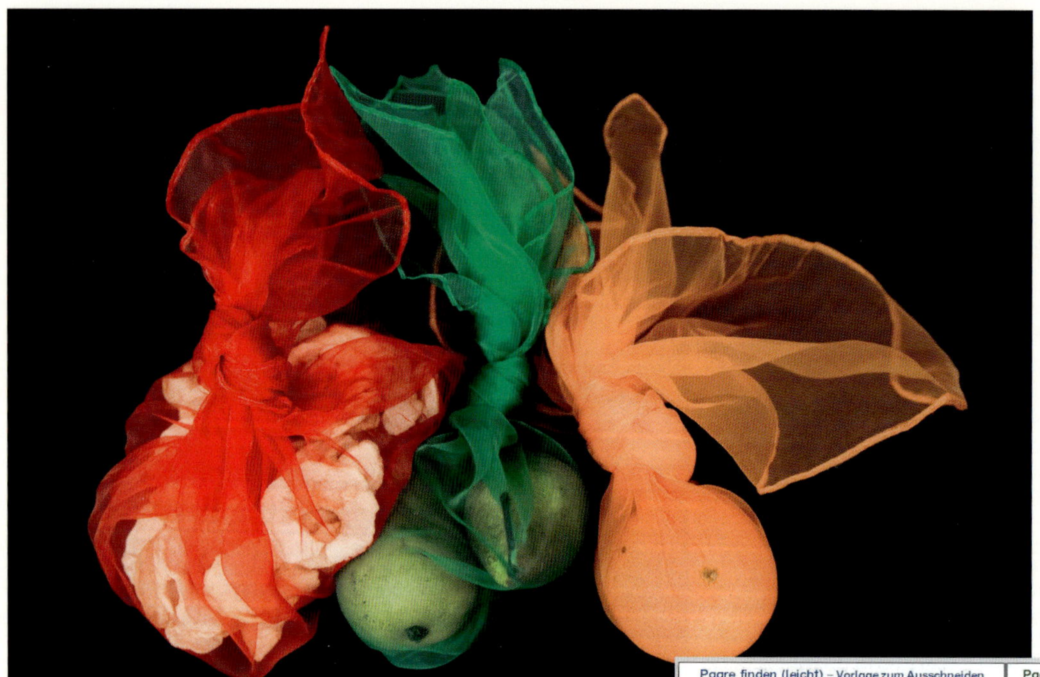

„Die kleine Raupe Nimmersatt“, ein absoluter Kinderbuchklassiker. Die hungrige Raupe frisst sich durch allerlei Leckereien. Einige davon gibt es in den Sensorik-Säckchen zum Riechen und Fühlen: Einen Apfel und Dörrapfel-Scheiben, eine Apfelsine und einige getrocknete Apfelsinenschalen (bei Bedarf mit etwas Orangenduftöl beträufelt), zwei Birnen und ein Säckchen voller Gewürzlorbeerblätter (Achtung: nur das Küchenkraut verwenden, keinesfalls die giftige Zierpflanze „Kirschlorbeer“!). Mit einem Fruchtsauger lässt sich darüber hinaus auch der Geschmacksbereich einbeziehen, in dem einzelne Obstabschnitte darin zum Probieren und Schmecken angeboten werden.

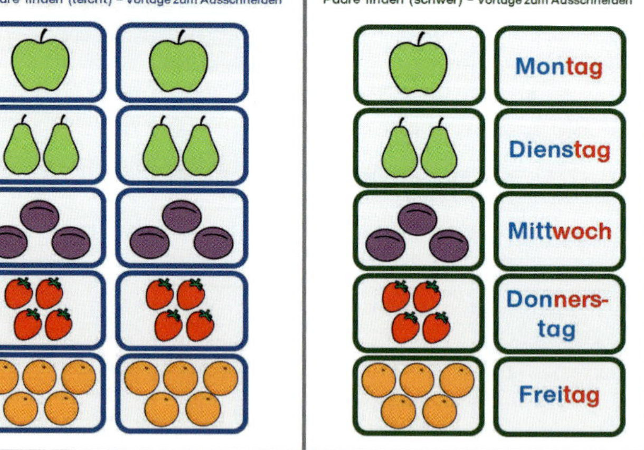

Eine Memoryvariante lädt zum Spielen ein. Wer schafft es, die Wochentage mit den entsprechenden Nahrungsmitteln der kleinen Raupe zu kombinieren?

6.2 Mathematik: Menge und Zahl

Farben

Eine Sensorik-Wanne zum Thema „Gelb“, gefüllt mit Pompons und Hüllen aus großen und kleinen Schokoladeneiern. Ein kleiner, hineingeschmuggelter roter Pompon macht die Gelb-Wanne zur Suchaufgabe: Wo versteckt sich die nicht-gelbe Plüschkugel?

Auch in der zur Wanne gehörenden TEACCH-Mappe soll sortiert werden. Gesucht werden fünf gelbe Luftballons, die auf die rechte Seite der Mappe geklettet werden sollen. Ballons in anderen Farben müssen auf der linken Seite bleiben.

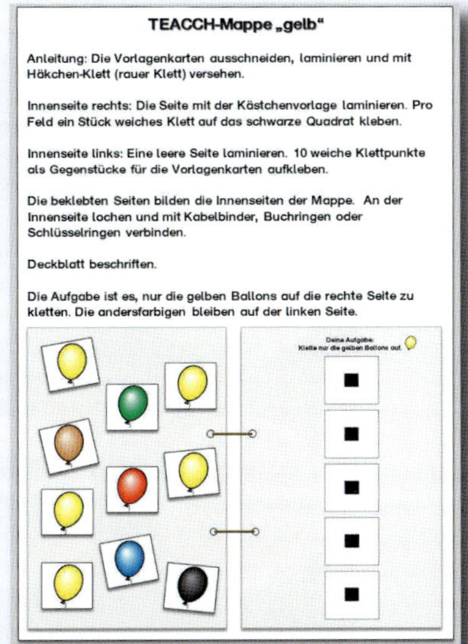

TEACCH-Mappe „gelb“

Anleitung: Die Vorlagenkarten ausschneiden, laminieren und mit Häkchen-Klett (rauer Klett) versehen.

Innenseite rechts: Die Seite mit der Kästchenvorlage laminieren. Pro Feld ein Stück weiches Klett auf das schwarze Quadrat kleben.

Innenseite links: Eine leere Seite laminieren. 10 weiche Klettpunkte als Gegenstücke für die Vorlagenkarten aufkleben.

Die beklebten Seiten bilden die Innenseiten der Mappe. An der Innenseite lochen und mit Kabelbinder, Buchringen oder Schlüsselringen verbinden.

Deckblatt beschriften.

Die Aufgabe ist es, nur die gelben Ballons auf die rechte Seite zu kletten. Die andersfarbigen bleiben auf der linken Seite.

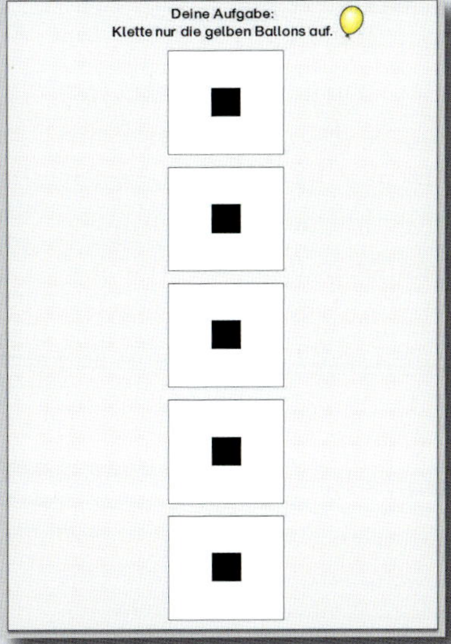

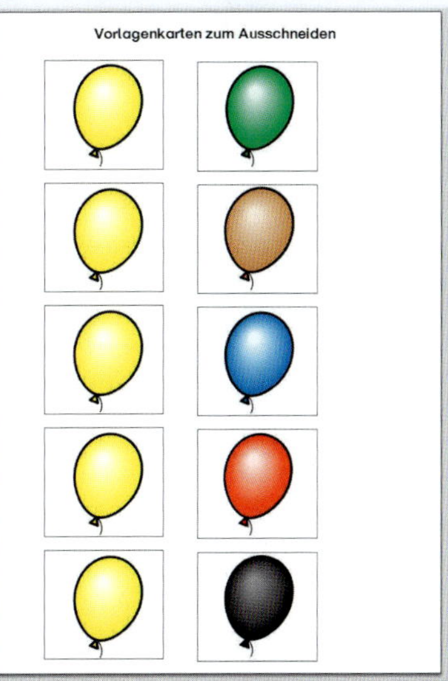

Bunte Pompons in Groß und Klein. Welche Farben sind es? Wer kann welche Farben benennen? Wer schafft es, die Grundfarben einzeln herauszusuchen und zu sortieren? Für diese Sortieraufgabe ist es wichtig, mit einheitlichem Material zu arbeiten, um die Differenzierung nach Farbe zu gewährleisten. Wer bei der Sortieraufgabe zusätzliche Hilfe benötigt, verwendet statt der weißen Sortierschälchen farbig passende Sortierbehälter und startet zunächst mit nur einer Farbe (z. B.: gelbe Pompons in den gelben Behälter).

Gelbes Sonnenblumenöl und etwas mit Lebensmittelfarbe blau gefärbtes Wasser – mehr braucht es nicht für dieses Farbexperiment. Ordentlich geschüttelt vermischen sich beide Komponenten zu einer türkisfarbenen Emulsion, die sich nach einer Weile Ruhe wieder in ihre ursprünglichen Bestandteile gelb und blau zurückverwandelt. Fügt man dem Öl zusätzlich etwas gelbe Lebensmittelfarbe hinzu, entsteht bei der Mischung ein Grünton.

Als weiterführende Aufgabe gibt es eine Rechenaufgabe mit Farben nach dem Muster „Gelb plus Blau gleich Grün".

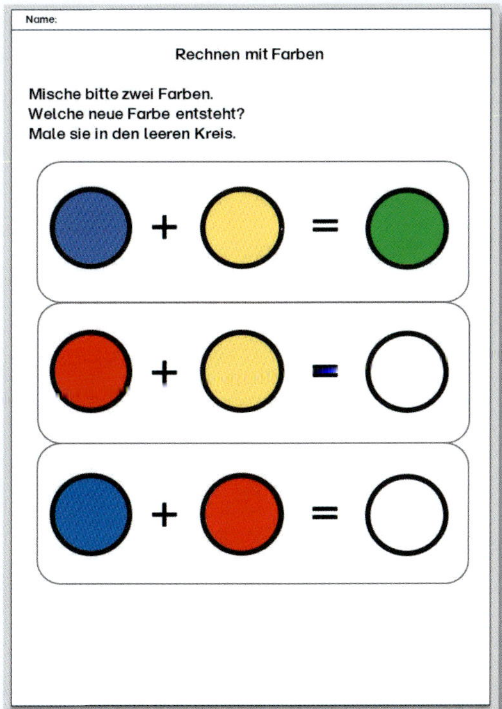

Name:

Rechnen mit Farben

Mische bitte zwei Farben.
Welche neue Farbe entsteht?
Male sie in den leeren Kreis.

Fest eingeknotet in bunten Chiffontüchern werden hier unterschiedlichste Füllmaterialien verwendet; von Reis über Erbsen, Korken und Muggelsteine. Bunt wie ein Regenbogen. Aber wie ist die richtige Reihenfolge der Regenbogenfarben? In Partnerarbeit entsteht aus den einzelnen Säckchen ein buntes Regenbogen-Bodenbild. Ein Ausmalbild ergänzt das Angebot und kann als Kontrollmöglichkeit dienen.

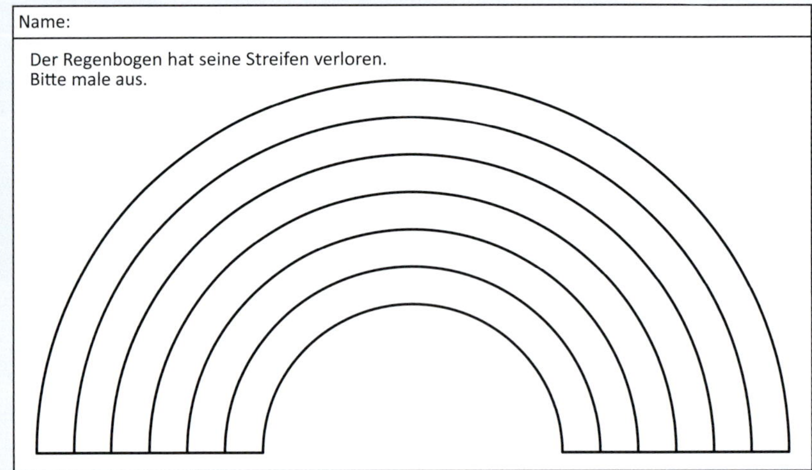

Name:

Welche Fläche gehört zu welchem Körper?
Bitte verbinde.

Formen

Quadrate und Dreiecke liegen zwischen vielen runden Pompons. Mit der Löffelschere werden sie herausgefischt und in zwei Schälchen verteilt: eines für Quadrate, das andere für Dreiecke.

Aufgabe für Profis: Zuordnung von Flächen zu geometrischen Körpern auf einem Arbeitsblatt.

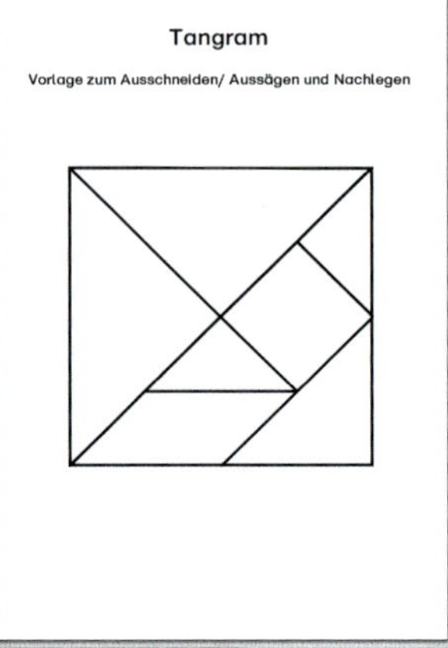

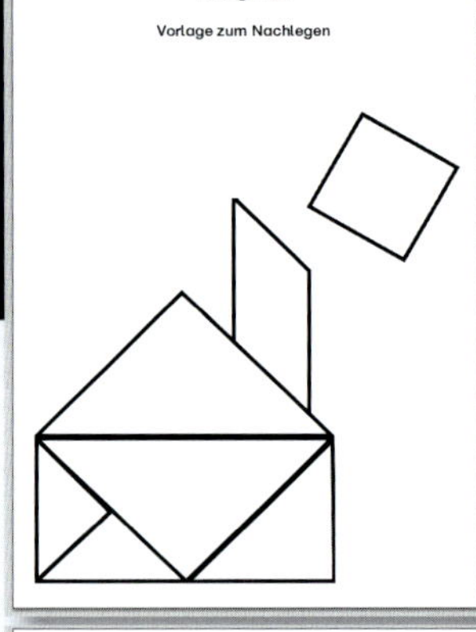

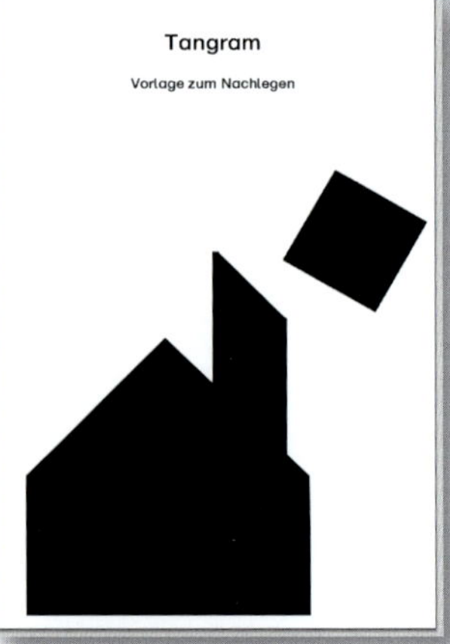

Zwischen duftenden Lavendelblüten liegen Dreiecke, Raute und Quadrat. Unter dem Blütenteppich, auf dem Boden des Tabletts, ist eine quadratische Tangram-Nachlegeform abgebildet. Mit Pinsel oder mit den Fingern können die Blüten zur Seite geschoben und das hölzerne Tangram in Form gebracht werden.

Über die Grundform „Quadrat" hinaus lassen sich noch viele weitere Tangramformen legen, sei es mit einem Papiertangram zum Aufkleben als Arbeitsblatt, als Holzversion oder mit Riesenschaumstoffkörpern, wenn diese zur Verfügung stehen. So lässt sich beispielsweise die Form eines Hauses nachlegen. Eine entsprechende Vorlage hilft hierbei. Expert:innen nutzen die Vorlage ohne Hilfslinien.

Dreieck, Kreis und Quadrat treiben in dieser großen, gut greifbaren Flasche, die mit grün gefärbtem Wasser und Goldglitter gefüllt ist. Als Formplättchen wurden Plastikplättchen aus dem Mathematikunterricht verwendet.

Von jeder Form gibt es jeweils drei Stück in der Sensorik-Flasche. Auf dem Arbeitsblatt hingegen sind es mehr. Die dazugehörige Aufgabe besteht darin, jeweils drei Exemplare pro Form nachzuspuren. Als Zusatzaufgabe kann herausgefunden werden, wie viele Abbildungen pro Form tatsächlich auf dem Arbeitsblatt abgedruckt sind.

Name:

In der Flasche siehst du drei Stück von jeder Form.
Bitte zeichne 3 Dreiecke.
Bitte zeichne 3 Kreise.
Bitte zeichne 3 Quadrate.

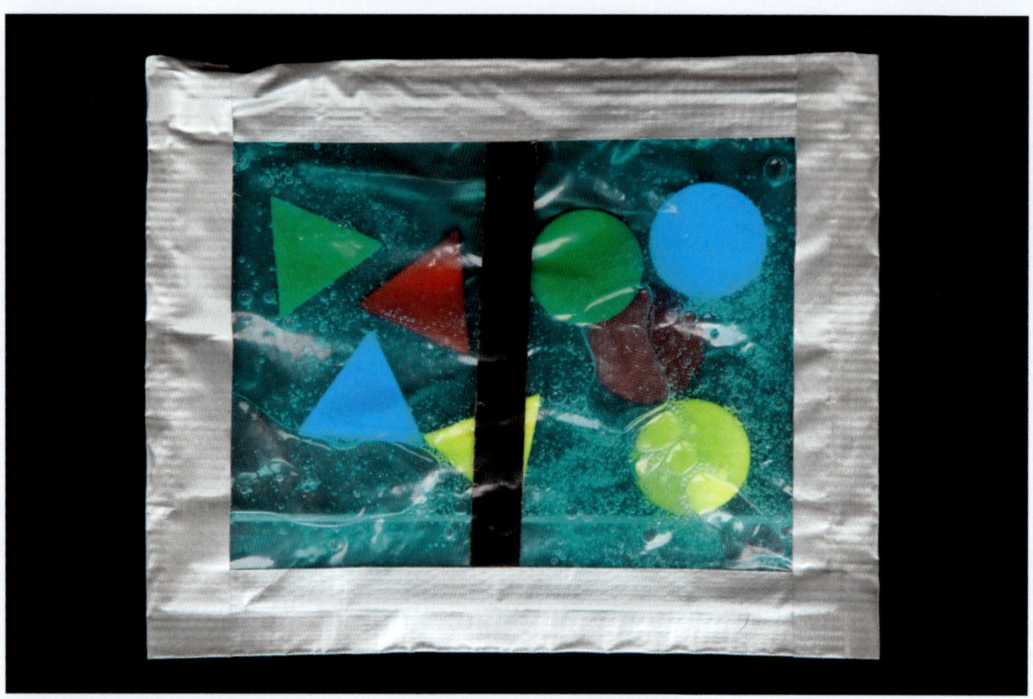

Zwischen Luftblasen im blauen Duschgel treiben bunte Formenplättchen wie Taucher im Meer.

Ein aufgeklebter Strich aus Isolierband teilt das Sensorik-Säckchen in zwei Hälften. Eine Hälfte für Dreiecke, die andere für Kreise. Jetzt ist knautschen, quetschen und streichen angesagt, um die Formen in die richtige Hälfte des Säckchens zu bewegen: Dreiecke in das eine Feld, Kreise in das andere.

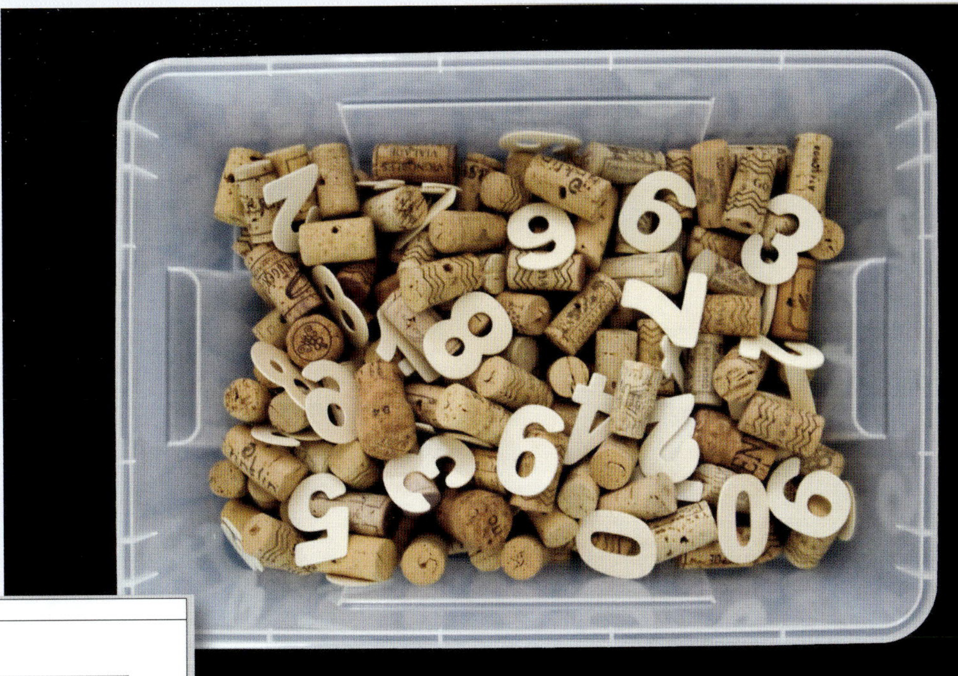

Zahlen und Mengen

In der mit Korken gefüllten Sensorik-Wanne sind die Holzzahlen von 0 bis 9 in vielfacher Ausführung versteckt. Unterschiedliche Zuordnungsspiele sind hiermit denkbar, zum Beispiel: gleiche Zahlen heraussuchen und sortieren (optische Differenzierung), Korken zählen und der korrekten Zahl zuordnen, Additionsspiele etc.

Das weiterführende Arbeitsblatt ist nur etwas für Experten: Per Strichliste wird gezählt und notiert, welche Zahl wie oft vorhanden ist. Gar nicht so einfach, Menge und Zahl auf diese Weise zu trennen.

Name:

Wie oft findest du diese Zahlen?
Bitte zähle und schreibe auf.

Holz-zahl	Wie oft ist die Zahl in der Kiste? Strichliste:
1	||||
2	
3	
4	
5	
6	
7	
8	
9	
0	

Bunte Pompons und Filzzahlen liegen vermischt auf diesem Aktionstablett. Auf der Mischpalette in Blütenform liegen Zahlen, denen die entsprechende Menge an Pompons zugeordnet werden soll. Werden die einzelnen Zahl-Mengen-Zuordnungen in einem nächsten Arbeitsschritt auf Pappkärtchen geklebt, erhält man hilfreiche Menge-Zahl-Übersichtkarten.

Die Übung auf dem folgenden Arbeitsblatt „Meine Zahl - die Zahl davor - die Zahl danach" hilft, das korrekte Verorten der Zahlen zu üben.

Name:

Wie heißen die Nachbarzahlen?
Bitte schreibe auf.

← Die Zahl davor	Meine Zahl	→ Die Zahl danach
2	3	4
	6	
	8	
	2	

Auf diesem Foto ist eine von mehreren Zahlenflaschen von 1 bis 9 abgebildet. Die Anzahl der Sonnenblumenblüten entspricht der Ziffer, die auf der Flasche aufgeklebt wurde. Die Flaschen können beispielsweise in aufsteigender Reihenfolge sortiert werden und beginnend von 1 bis zur größten Zahl eine „Zahlenflaschenreihe“ bilden.

Mit Klett und Kärtchen oder als Arbeitsblatt mit Aufklebekarten wird die Reihenbildung mit Mengen geübt. Als Muster dienen Sonnenblumen und Sonnenblumenkerne.

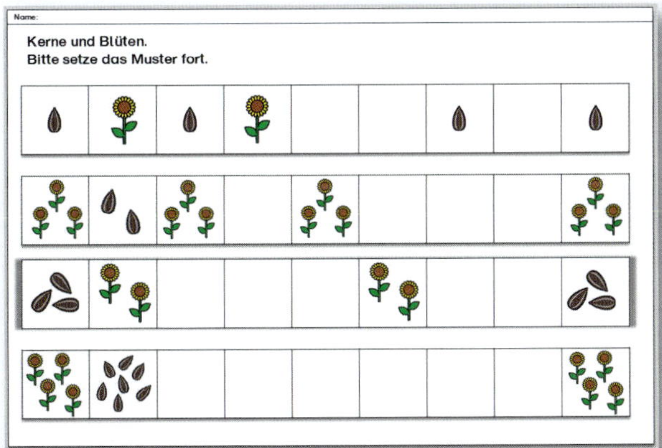

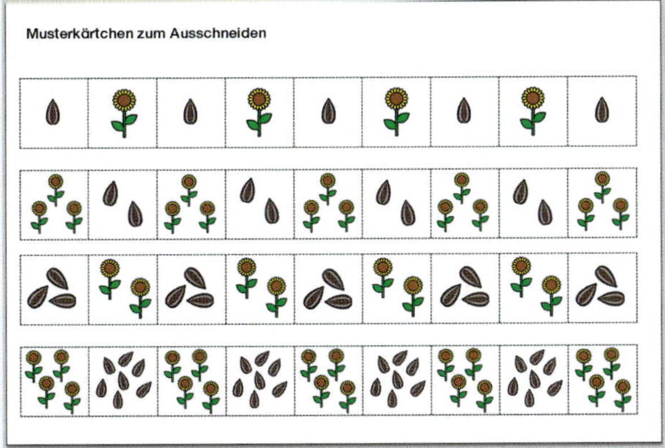

Große und kleine Pailletten in Blütenform treiben in dem mit Duschgel und Öl gefüllten Sensorik-Säckchen. Von welcher Blütenart gibt es mehr – von den großen oder von den kleinen Blüten?

Passend zum Säckchen gibt es ein Blütenblatt mit der Aufgabe „Wo sind mehr Blüten?“ zum Ankreuzen.

Name:

Wo siehst du mehr Blüten?
Bitte kreuze an.

6.3 Englisch

Känguru, Koala, Krokodil und Schlange. Ob sich auch ein Schnabeltier in der Sensorik-Wanne versteckt? Passend zu Australien duftet die Wanne nach Eukalyptusöl. Zur Weiterarbeit gibt es ein Arbeitsblatt zum Thema „Tiere in Australien", auf dem die Tiere, die in Australien leben, mit dem Kontinent verbunden werden sollen. Aber Achtung: Bei dieser Aufgabe haben sich Tiere eingeschlichen, die ursprünglich nicht aus Australien stammen.

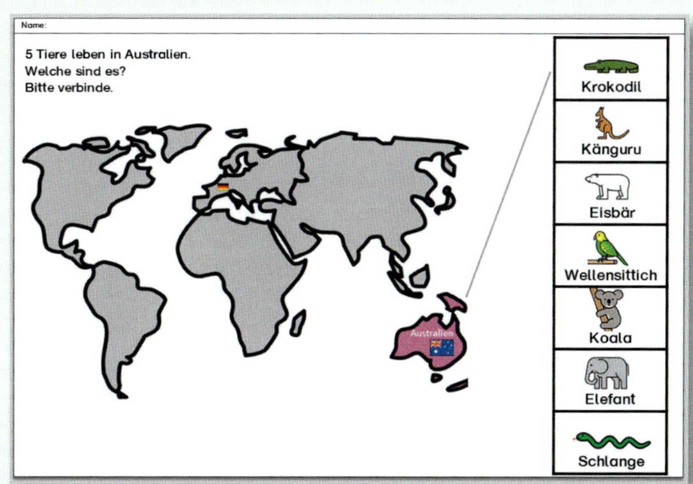

Name:

5 Tiere leben in Australien.
Welche sind es?
Bitte verbinde.

Australien

Krokodil
Känguru
Eisbär
Wellensittich
Koala
Elefant
Schlange

It's Tea Time! Loser schwarzer Tee und einige Teebeutel laden ein zum Grabbeln und Gießen, Schütten und Schnuppern. Eine Worttafel fordert zum Zuordnen der Spielgegenstände auf. Die Wortfelder können bei Bedarf mit Klebepunkten für einen Vorlesestift ergänzt werden.

Grün, grün, grün ist alles am „St. Patrick's Day", dem wichtigsten Nationalfeiertag für die Einwohner der Republik Irland. Und natürlich darf auch das „Leprechaun" samt Hut nicht fehlen. Einige Elemente, wie der Hut des Leprechauns und diverse Goldmünzen, finden sich in der Sensorik-Flasche wieder. Als Füllung dient eine Mischung aus grünem Reis, grünen Nudeln, grünen Erbsen und Goldglitter.

Als weiterführende Aufgabe bietet die Domino-Vorlage die Möglichkeit, sich mit den typischen St.-Patrick's-Day-Elementen vertraut zu machen. Die Vorlage kann laminiert, ausgeschnitten und als klassisches Domino in Einzel- oder Partnerarbeit gespielt werden.

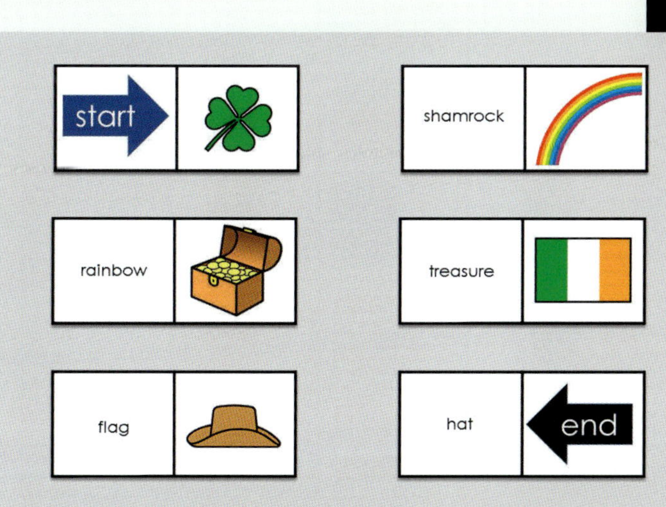

Ein Säckchen mit allem, was die Füllmaterialkiste hergibt: bunt gefärbter Reis, rote und schwarze Linsen, grüne Erbsen, türkisfarbene Glasnuggets und bunte Glitzerpailletten. In dieser Mischung verborgen sind Bilder von Flaggen, die zu englischsprachigen Ländern gehören. Als Arbeitsblatt gibt es ein Quiz zur Flaggenkunde: Wer weiß, hinter welcher Flagge sich englischsprachige Länder verbergen? Und in welchen Ländern, die zu den abgebildeten Flaggen gehören, wird Deutsch gesprochen?

Name:

Englisch oder Deutsch?
Welche Sprache wird gesprochen?
Bitte kreuze an.

	Deutsch	Englisch
		X

6.4 Sachunterricht: Naturwissenschaft

Die Sensorik-Wanne zum Thema „Südpol“ ist mit eisgekühltem Spielschnee gefüllt (siehe Schaumteig-Rezept auf Seite 42). Hier tummeln sich Pinguine und Robben. Aber warum gibt es in dieser antarktischen Themenwanne eigentlichen keinen Eisbären?

Als ergänzende Aufgabe zur Wanne sollen anhand des folgenden Arbeitsblatts aus einer bunten Tierbande die Südpolbewohner herausgesucht werden.

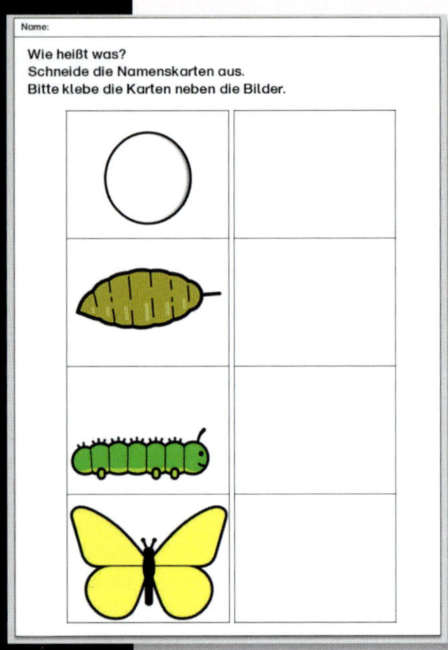
Name:

Wie heißt was?
Schneide die Namenskarten aus.
Bitte klebe die Karten neben die Bilder.

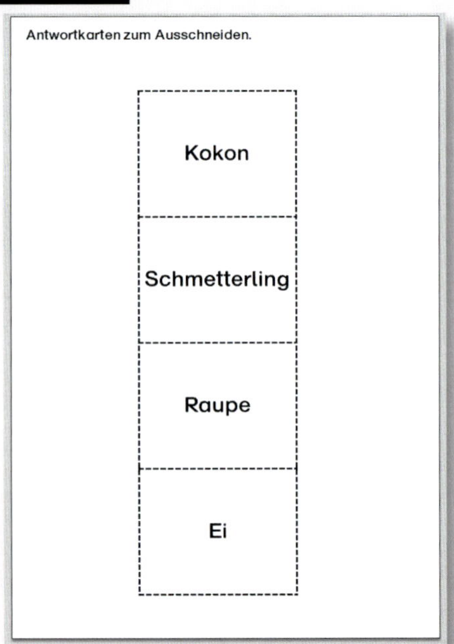
Antwortkarten zum Ausschneiden.

Kokon

Schmetterling

Raupe

Ei

Der Schmetterling in seinen unterschiedlichen Entwicklungsstadien lässt sich im frühlingsgrün gefärbten Reis entdecken. In welcher Reihenfolge müssen Kokon, Raupe und Co. gelegt werden, um den Entstehungsprozess eines Schmetterlings abzubilden?

Die zu den Entwicklungsstadien passenden Begriffe können auf einem Arbeitsblatt neben die entsprechenden Bilder geklebt werden. Für Lernende, denen das Lesen noch schwerfällt, kann die Aufgabe um einen Vorlesestift und den entsprechenden Audio-Sticker auf den Kärtchen erweitert werden.

Krebse und Hummer treiben in der mit blauem Duschgel gefüllten Meeresflasche. Halb gefüllt bietet die Flasche genügend Raum für spannende Bewegungen der gelartigen Füllung. Ein Arbeitsblatt greift das Thema Meeresbiologie auf und fragt nach den Körperteilbezeichnungen von Krebstieren. Das Lösungsblatt hilft bei der Selbstkontrolle.

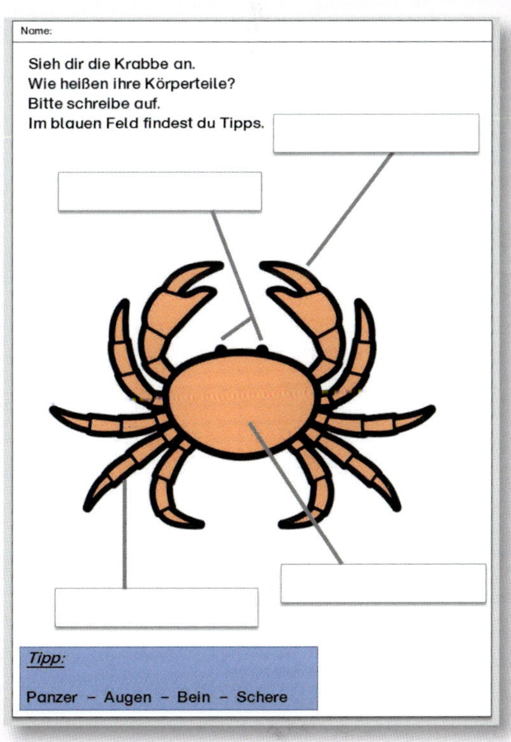
Name:

Sieh dir die Krabbe an.
Wie heißen ihre Körperteile?
Bitte schreibe auf.
Im blauen Feld findest du Tipps.

Tipp:

Panzer – Augen – Bein – Schere

Diese Sensorik-Säckchen holen (fast) jedes Wetter ins Zimmer hinein: Ein Wärmekissen im sonnengelben Tuch, ein Säckchen mit feuchten Wattebäuschen und ein Kunststoffbeutel mit gefrorenem Rasierschaum simulieren Sonnenwärme, Regenwolken und Schnee. Ein zusätzliches Tuch wird kräftig geschüttelt, um den Wind wehen zu lassen.

Name:

Wie ist das Wetter?
Bitte ordne zu.

1 2 3 4

Wetter:	Bild Nummer:
Es regnet.	
Es schneit.	
Die Sonne scheint.	
Es ist windig.	

Die Zuordnungsaufgabe zum Thema Wetter kann auf mehrere Weisen bearbeitet werden: Zum einen können die Bildvorlagen als Kärtchen ausgeschnitten und in Verbindung mit den Sensorik-Säckchen als Zuordnungsaufgabe paarweise zusammengelegt werden. Alternativ können sie als Übung zum Symbollesen (Kombination Sensorik-Säckchen – Symbol) oder als PECs-Training zum „Wetterbestellen“ genutzt werden. Als klassisches Arbeitsblatt genutzt dient es zur Wort-Bild-Zuordnung.

Name:

Rezept für Popcorn

1)		Gib 1 Esslöffel Rapsöl in einen großen Topf.
2)		Gib 4 Esslöffel Popcornmais in den Topf.
3)		Setze den Deckel auf den Topf. Schalte den Herd auf höchster Stufe ein.
4)	Popp	Poppt das erste Popcorn? Dann schalte den Herd ab. Rüttle ab und zu den Topf. Sonst brennt der Mais an.
5)		Poppt kein Popcorn mehr? Dann ist es fertig. Fülle es in eine Schüssel.

Tipps

Süßes Popcorn:
Etwas Zucker in Butter auflösen. Mit dem Popcorn vermischen.

Salziges Popcorn:
Etwas Salz in Butter auflösen. Mit dem Popcorn vermischen.

Ein Traktor rollt zwischen Maiskörnern und duftendem Popcorn. Ersetzt man die kleinen Körbe durch Sortierschälchen, können mit Löffelzange oder Fingern Maiskorn und Popcorn sortiert werden.

Aber was hat das eine – der Mais – eigentlich mit dem anderen – dem Popcorn – zu tun? Um das herauszufinden, bietet sich die gemeinsame Popcornherstellung an. Wunderbar eignet sich hierzu eine per Taster betriebene Popcornmaschine, das heißt der Popcornmaker wird über einen zwischengeschalteten Netzschaltadapter (z. B. PowerLink) per externem, motorisch gut auszulösendem Taster (z. B. JellyBean) bedient.

Aber auch die „klassische" Herstellung auf dem Herd ist möglich. Ein Bildrezept hierzu ergänzt die Sensorik-Wanne. Aber Achtung: Bitte nur unter Aufsicht in die Popcornproduktion einsteigen – das Öl wird sehr heiß!

Kardamom, Nelken, Sternanis. Das duftende Sensorik-Tablett lädt ein zur Gewürzkunde und zur Reise in den Orient. Eine zum Sortierschälchen umfunktionierte Mischpalette gibt für die Sortieraufgabe die Reihenfolge vor: Pro Blüte von jedem Gewürz eines. Diese Gewürze lassen sich beispielsweise zur Herstellung würzigen Chai-Tees nutzen.

Als Zusatzaufgabe ergänzen Zimtstangen das Angebot. Wie auch Kardamom, Nelken und Sternanis werden sie in einem eigenen, undurchsichtigen Duftsäckchen versteckt. Wem gelingt es, sie zu erschnuppern, zu ertasten und den korrekten Begriffskärtchen zuzuordnen?

Kardamom	Nelke
Sternanis	Zimt

Frühlingsgrün gefärbter Reis, glänzende Blütenstreuteile, kleine Eier und flauschige Federn – ein Frühlingspotpourri in der Sensorik-Flasche.

Aber welche Tiere legen eigentlich Eier und welche Tiere nicht? Am Arbeitsblatt lässt sich das Wissen testen.

Name:

Welche Tiere legen Eier?
Kreise bitte alle Tiere ein, die Eier legen.

Reis, Mehl und Linsen füllen diese Knautschballons.

Aber was ist was? Und welche Füllung gibt es doppelt? Eine Vorlage zum Zuordnen bietet die Möglichkeit, den ertasteten Ballon seinem – vielleicht – richtigen Füllungssymbol zuzuordnen.

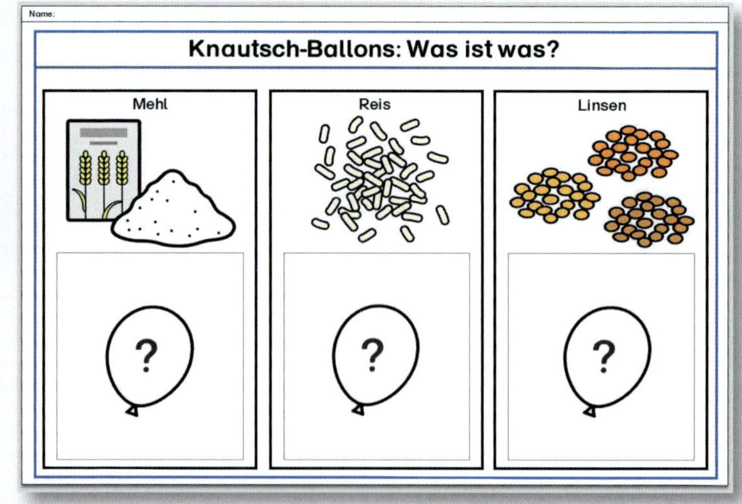

6.6 Musik

Name:

Karneval der Tiere

Vier Tiere feiern den Karneval der Tiere
Vier Tiere gehören nicht dazu.
Welche Tiere machen mit?
Bitte kreise ein.

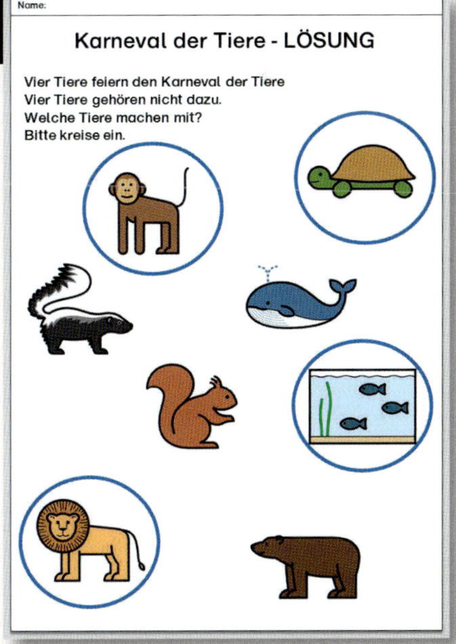

Name:

Karneval der Tiere - LÖSUNG

Vier Tiere feiern den Karneval der Tiere
Vier Tiere gehören nicht dazu.
Welche Tiere machen mit?
Bitte kreise ein.

Alaaf, Helau und Olé: Passend zum Konzert „Der Karneval der Tiere" von Camille Saint-Saëns tanzen Löwe, Känguru und Co. durch Pompons und Glitterpailletten.

Alle Tiere feiern Karneval. Aber nicht alle Partygäste, die auf dem Arbeitsblatt abgebildet sind, kann man im „Karneval der Tiere" hören. Wer schafft es, die richtigen Tiere einzukreisen? Ein Lösungsblatt hilft bei der Selbstkontrolle. Experten entwerfen Lapbooks mit Informationen und Bildern zu den einzelnen Tieren und ihren musikalischen Klängen und Instrumenten.

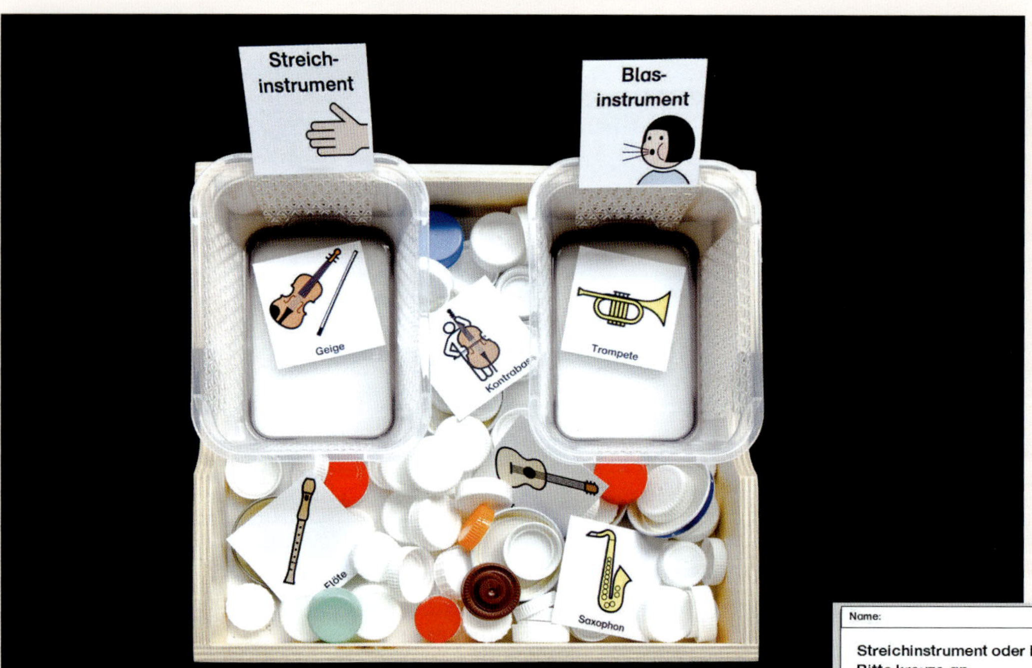

Geige, Flöte und Co. können als Symbolkarten auf diesem Sensorik-Tablett entdeckt werden. Zwei Sortierschälchen laden zum Ordnen nach Instrumentengruppen ein: Streichinstrumente ins eine Sortierschälchen, Blasinstrumente in das andere. Noch schöner wird die Aufgabe natürlich, wenn man die Instrumente als Miniaturobjekte anbieten kann.

Eine symbolbasierte Zuordnungsaufgabe gibt zusätzlich die Möglichkeit, die Instrumente der passenden Kategorie zuzuweisen.

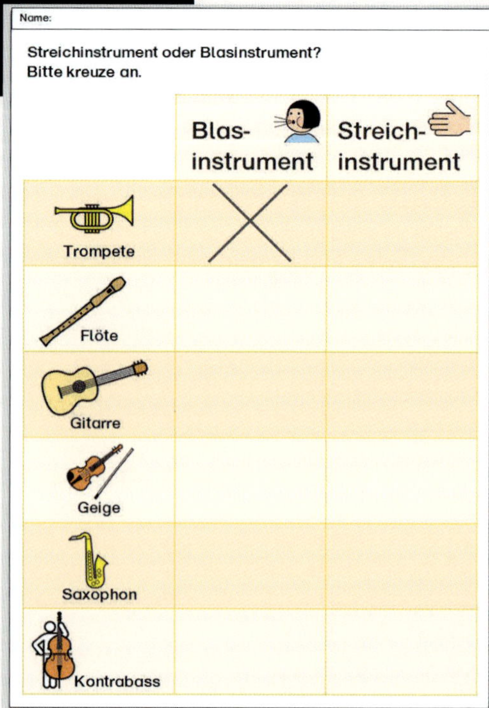
Name:

Streichinstrument oder Blasinstrument?
Bitte kreuze an.

	Blas-instrument	Streich-instrument
Trompete	X	
Flöte		
Gitarre		
Geige		
Saxophon		
Kontrabass		

Einige lange Maccheroni-Stangen geben der mit buntem Reis gefüllten Flasche bei sanften Bewegungen einen Regenmacher-Effekt. Schwungvoll geschüttelt wird die Flasche zur Percussion-Rassel.

Das dazugehörige Spiel „Rhythmusinstrumente – Paare finden“ kann sowohl mit Bild- als auch mit Wortkarten gespielt werden.

TEACCH-Mappe zum Lied
„Es war eine Mutter, die hatte vier Kinder"

Anleitung: Die Vorlagenkarten ausschneiden, laminieren und mit Häkchen-Klett (rauer Klett) versehen.

Innenseite rechts: Die Seite mit der Kästchenvorlage laminieren. Pro Feld ein Stück weiches Klett auf das schwarze Quadrat kleben.

Innenseite links: Eine leere Seite laminieren. 4 weiche Klettpunkte als Gegenstücke für die Vorlagenkarten aufkleben.

Die beklebten Seiten bilden die Innenseiten der Mappe. An der Innenseite lochen und mit Kabelbinder, Buchringen oder Schlüsselringen verbinden.

Deckblatt beschriften.

Aufgabe ist es, die 4 Karten von der linken Seite neben die passenden Bilder auf der rechte Seite zu kletten.

Es war eine Mutter, die hatte vier Kinder: den Frühling, den Sommer, den Herbst und den Winter. Im Sensorik-Säckchen sind Bilder der Figuren (sprich Jahreszeiten) dieses Kinderliedes zu sehen und können mit ihrer entsprechenden Liedzeile besungen werden.

Die TEACCH-Mappe hilft dabei, die Zuordnung von Jahreszeit und dem Gegenstand, den das „Jahreszeitenkind" bringt, zu üben. Hierbei werden vier Klettkärtchen, auf denen die Symbole jahreszeitlicher Elemente abgebildet sind, den entsprechenden Jahreszeitenbäumen zugeordnet.

6.7 Kunst, Deko, ästhetische Erziehung

Ordentlich liegen die bunten Streifen des Farbsandes nebeneinander. Aber nicht mehr lange, denn jetzt darf gemischt, gewühlt und gegraben werden.

Farblich einzeln angereicht oder bunt gemischt wird der Sand zum Fühlbild. Hierzu großzügig Kleister auf einen Bilderrahmen (ohne Glas) streichen und den Sand darauf streuen. Trocknen lassen. Fertig ist das Sandbild zum Ansehen und Fühlen.

Naturmaterialien in unterschiedlichen haptischen und olfaktorischen Qualitäten sind auf diesem Sensorik-Tablett versammelt und laden zur ästhetischen Betrachtung ein.

Eine weiterführende Aufgabe besteht darin, Naturpinsel aus den Materialien herzustellen. Hierzu werden die einzelnen Blätter um Stöckchen gebündelt und festgebunden. So entstehen Lavendelpinsel, Lorbeerpinsel etc., die unterschiedlichste Maleigenschaften aufweisen. Also: ran an die Farbtöpfe!

Eigentlich schade, dass man die Farbe (noch) nicht riechen kann. Denn in dieser kleinen Sensorik-Flasche wird eine duftende Mischung aus Kurkuma und Currypulver mit etwas Wasser vermengt. Das Mischungsverhältnis beträgt zwei Teelöffel Gewürzpulver auf 10 ml Wasser.

Die Aufgabe dazu ist klar: Ein Kunstwerk in Gelb soll geschaffen werden.

Sensorik-Säckchen mal anders: Hier wurden Einweghandschuhe mit unterschiedlichen Materialien gefüllt. Von Erbse über Mehl bis Watte ist alles dabei. Diese auch grobmotorisch gut greifbaren Sensorikstimuli werden in Fingerfarbe getaucht oder alternativ Finger für Finger mit Farbe bemalt und dienen dann als Stempel oder als „Pinsel“.

Als Aufgabe geht es an die Geschenkpapierproduktion für Festtage, Schulfest und Co.: Auf einfarbiges Packpapier werden bunte Muster gestempelt.

Der Ball ist rund – die Erbse auch. Die Basisfüllung der Wanne besteht aus (ungekochten) grünen Schälerbsen. Als Fußbälle und Finger-Schuh dienen Radiergummis.

Eine zusätzliche Trainingseinheit gibt es in puncto Fachvokabular. Neun Kommunikationskärtchen bzw. alternativ ein Themenposter laden dazu ein, sich fit zu machen für den Fußballjargon.

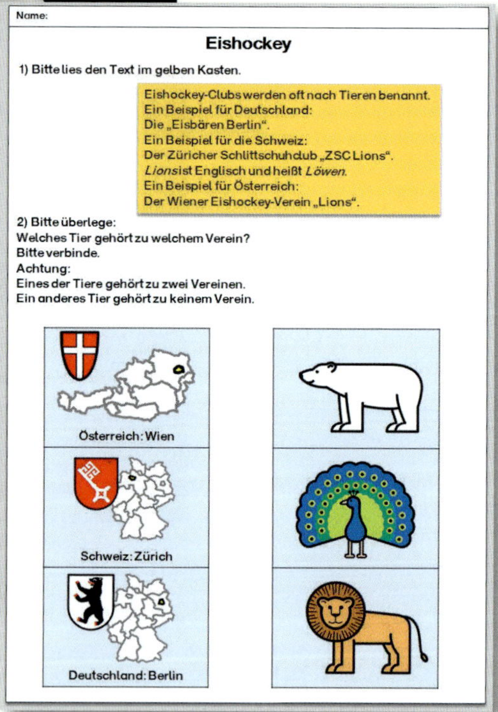

Name:

Eishockey

1) Bitte lies den Text im gelben Kasten.

Eishockey-Clubs werden oft nach Tieren benannt.
Ein Beispiel für Deutschland:
Die „Eisbären Berlin“.
Ein Beispiel für die Schweiz:
Der Züricher Schlittschuhclub „ZSC Lions“.
Lions ist Englisch und heißt *Löwen*.
Ein Beispiel für Österreich:
Der Wiener Eishockey-Verein „Lions“.

2) Bitte überlege:
Welches Tier gehört zu welchem Verein?
Bitte verbinde.
Achtung:
Eines der Tiere gehört zu zwei Vereinen.
Ein anderes Tier gehört zu keinem Verein.

Österreich: Wien

Schweiz: Zürich

Deutschland: Berlin

Coole Sache! Ein eiskaltes Sensorik-Tablett, das einem Eishockeyspielfeld nachempfunden ist. Ein Mühle-Spielstein als Puck-Ersatz wartet darauf, ins Tor geschossen zu werden.

Als Aufgabe für geübte Leserinnen und Leser gibt es einen Infotext in einfacher Sprache, der durch eine kleine, aber knifflige Zuordnungsaufgabe ergänzt wird.

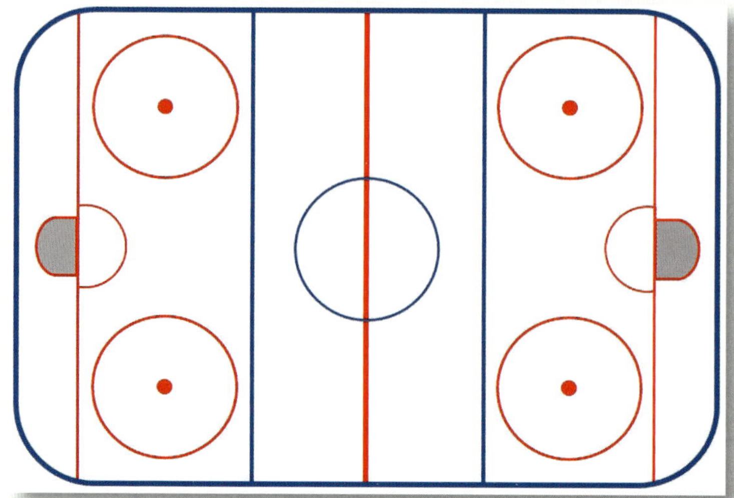

Nanu, wer schwimmt denn da? Eine kleine Aufziehfigur in Form eines Schwimmers treibt im blau gefärbten Wasser. Für Figuren wie diese bieten sich Flaschen mit großer Öffnung an (hier: ehemalige Weichspülerflasche). Der Griff an der Seite sorgt für guten Halt und ordentlichen Schüttelspaß.

Auf einem Arbeitsblatt geht es, passend zur Flasche, um unterschiedliche Schwimm-Arten. Zwischen den vier „echten" Schwimmtechniken wie Delphinschwimmen und Kraulschwimmen haben sich vier Quatsch-Techniken versteckt. Wem gelingt es, Beinschwimmen, Haischwimmen und Co. als falsch zu entlarven?

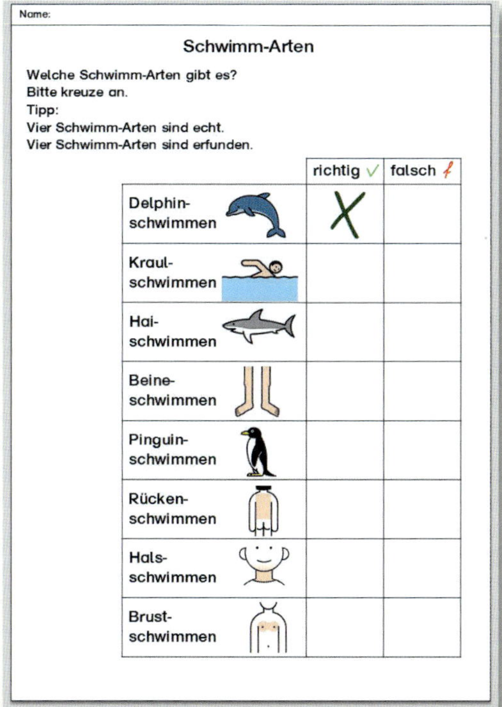

Name:

Schwimm-Arten

Welche Schwimm-Arten gibt es?
Bitte kreuze an.
Tipp:
Vier Schwimm-Arten sind echt.
Vier Schwimm-Arten sind erfunden.

	richtig ✓	falsch ✗
Delphin-schwimmen	X	
Kraul-schwimmen		
Hai-schwimmen		
Beine-schwimmen		
Pinguin-schwimmen		
Rücken-schwimmen		
Hals-schwimmen		
Brust-schwimmen		

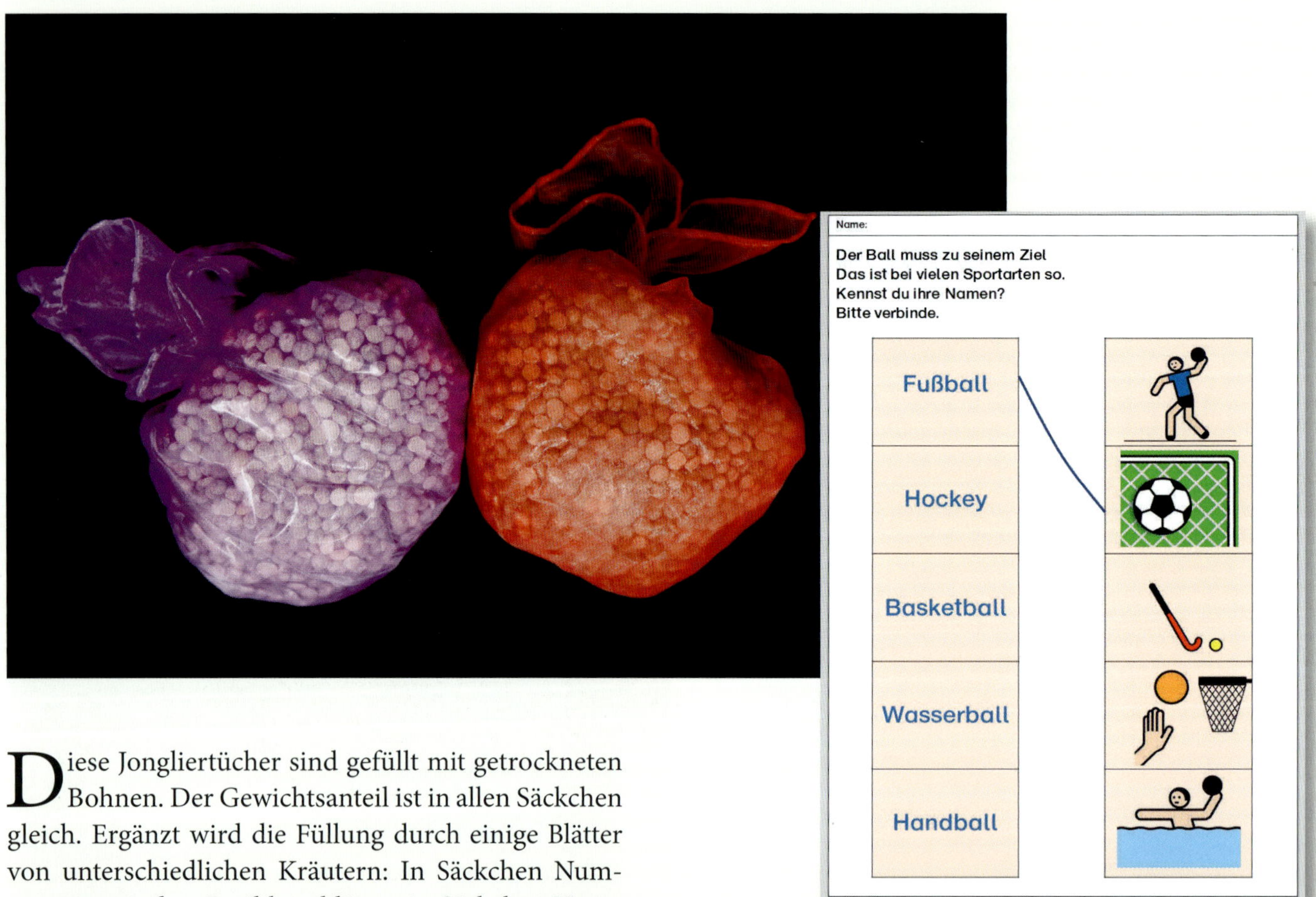
Name:

Der Ball muss zu seinem Ziel
Das ist bei vielen Sportarten so.
Kennst du ihre Namen?
Bitte verbinde.

Fußball
Hockey
Basketball
Wasserball
Handball

Diese Jongliertücher sind gefüllt mit getrockneten Bohnen. Der Gewichtsanteil ist in allen Säckchen gleich. Ergänzt wird die Füllung durch einige Blätter von unterschiedlichen Kräutern: In Säckchen Nummer eins sind es Basilikumblätter, in Säckchen Nummer zwei ist es Zitronenmelisse, in Säckchen Nummer drei Minze. Fest verknotet werden die Jongliertücher als Sportgerät umfunktioniert: „Zielwerfen" steht auf dem Programm. Die Säckchen können wahlweise an der gefüllten Kugel oder am verknoteten Tuchzipfel gehalten und geworfen werden. Durch die Reibung werden die ätherischen Öle der Kräuter freigesetzt und es duftet ganz wunderbar. Eine leere Sensorik-Kiste oder ein leeres Sensorik-Tablett dient als Ziel.

Tipp: Bei spitzen Füllgegenständen, rauem Untergrund oder sehr grober Behandlung die Füllung mit einem zusätzlichen Säckchen vor dem Herausrieseln schützen.

Es gibt viele Sportarten, bei denen der Ball ins Ziel gebracht werden muss. Einige davon werden im Rahmen einer Zuordnungsübung abgefragt.

6.9 Fächerübergreifende Themen: Jahreszeiten und Feste

Neujahr
Jetzt wird es bunt und festlich! Bunter Reis, glitzernde Pailletten und - statt Luftschlangen - bunte Loom Bands stehen zum Herumwirbeln in dieser Sensorik-Flasche bereit.

Wer den Begriff „zusammengesetzte Hauptwörter" bzw. „zusammengesetzte Nomen" kennengelernt hat, übt – passend zur Neujahrsflasche – das Finden und Schreiben von Glückswörtern. Für Nicht-Schreibende werden die Symbole des Arbeitsblattes in doppelter Form ausgedruckt und als Memory bereitgestellt.

Name:

Glücksbringer

Finde zusammengesetzte Hauptwörter.
Jedes Wort beginnt mit *„Glücks"*.
Bitte schreibe die Wörter auf.
Tipp: Unten findest du Hilfe!

Hilfe-Box:

Glückspilz – Glücksschwein – Glücksklee - Glückscent

Valentinstag

Ein duftender Valentinstagsgruß findet sich in dieser Sensorik-Wanne, die mit einem Potpourri aus Rosenblütenblättern und anderen getrockneten Pflanzen in Kombination mit Federn und roten Holzherzen gefüllt ist.

Als Aufgabe werden zwei Sortierschälchen bereitgestellt: Federn in die eine Schale, Herzen in die andere. Die entsprechenden Symbole, die auf der A4-Unterlage abgedruckt sind, auf der die Sortierschälchen stehen, visualisieren die Ordnungskriterien.

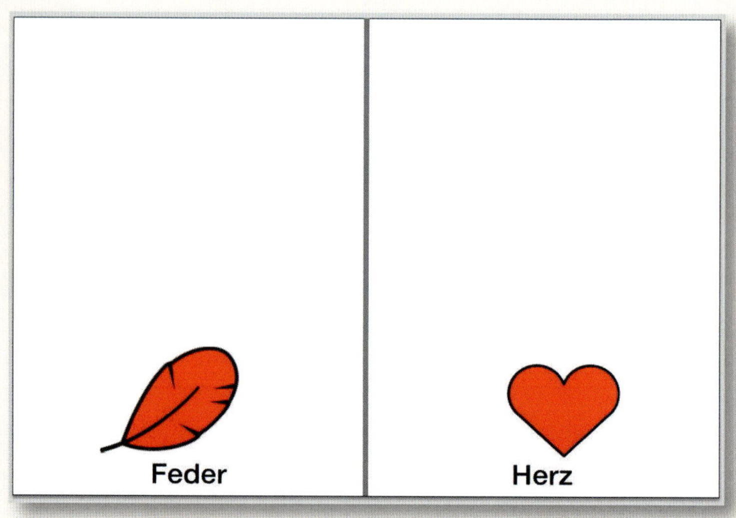

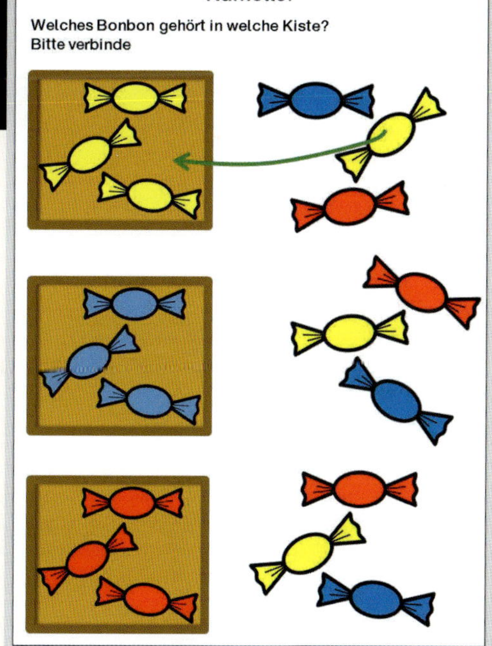

Karneval/ Fasching
Kamelle! Verschiedenste Füllmaterialien wurden in Obstnetzen verstaut, um dann als bunte Bonbons in Jongliertücher eingebunden zu werden.

Aufgabe ist – natürlich – das „Kamellepacken“: gelbe Bonbons zu gelben Bonbons, rote Bonbons zu roten Bonbons und so weiter.

Muttertag

Das perfekte Muttertagsgeschenk für alle Badewannenbesitzerinnen: eine Schaumbadmischung für das nächste Vollbad. Die Sensorik-Flasche ist mit selbstgemachtem, rosafarbenem Schaumbad gefüllt, in dem einige Herzchen und Pailletten schwimmen. Das Rezept zum Schaumbad findet sich auf Seite 53.

Ergänzend zur Sensorik-Flasche gibt es eine kleine Aufgabe zum Zählen von Herzen und roten Rosen, den Symbolen der Liebe.

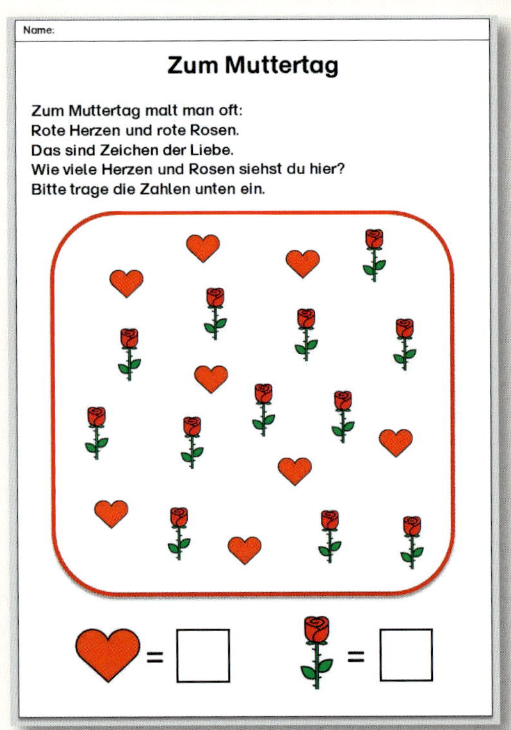

Name:

Zum Muttertag

Zum Muttertag malt man oft:
Rote Herzen und rote Rosen.
Das sind Zeichen der Liebe.
Wie viele Herzen und Rosen siehst du hier?
Bitte trage die Zahlen unten ein.

= ☐   = ☐

Ostern

Futter für den Osterhasen! Nicht selten sind es die für uns ganz alltäglichen Dinge, die als Sensorikangebote für Menschen mit intensiver Behinderung interessant sind. So, wie in diesem Falle: Ein Obstnetz aus dem Supermarkt wird mit einigen knackigen Möhren befüllt, aus deren Ende das weiche, grüne Möhrenkraut ragt. Das Obstnetz verhindert, dass die Möhren samt Kraut zerrupft werden – was allerdings auch ein sensorisch interessantes Angebot darstellen kann. Stattdessen ist Konzentration auf Haptik und Geruch angesagt. Wer das Angebot weiter ausbauen möchte, bietet zusätzliche Sensorik-Säckchen mit Hasenfutter wie Knollen, Wurzeln und Getreide an.

Das Thema „Hasen füttern" wird auf einem Arbeitsblatt zum „Möhrenkleben" aufgegriffen: Jeder Hase bekommt eine bestimmte Anzahl von Möhren, die ausgeschnitten und aufgeklebt werden.

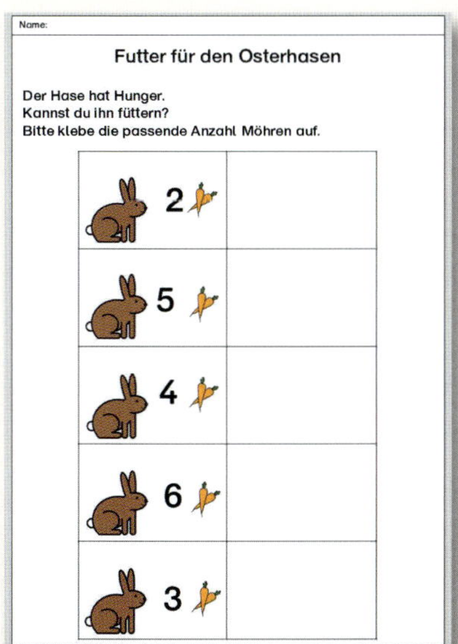

Name:

Futter für den Osterhasen

Der Hase hat Hunger.
Kannst du ihn füttern?
Bitte klebe die passende Anzahl Möhren auf.

2	
5	
4	
6	
3	

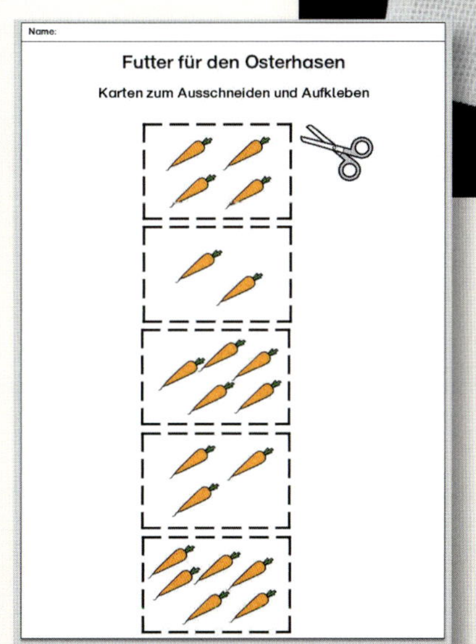

Name:

Futter für den Osterhasen

Karten zum Ausschneiden und Aufkleben

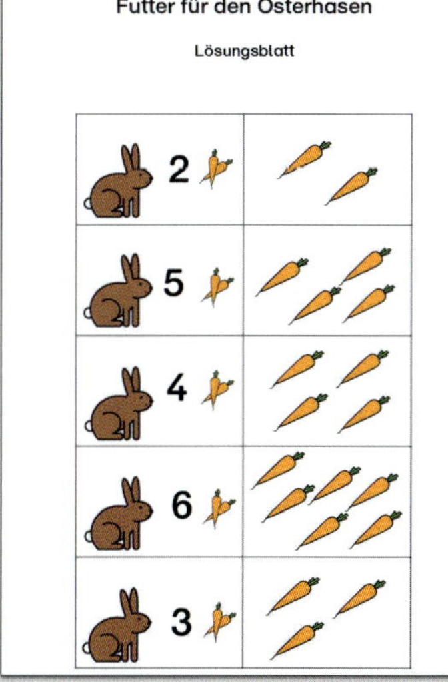

Name:

Futter für den Osterhasen

Lösungsblatt

2	
5	
4	
6	
3	

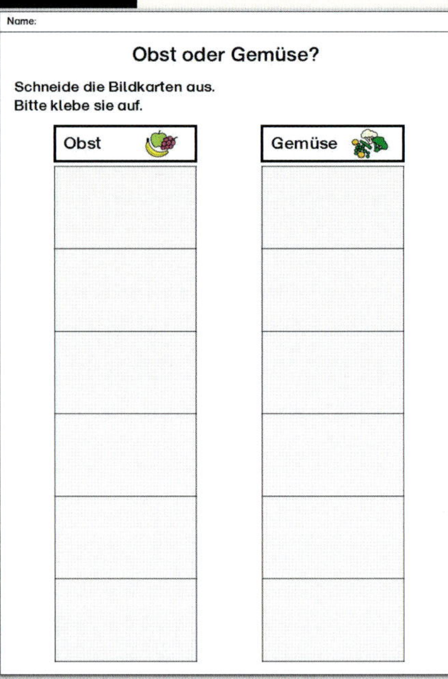

Name:

Obst oder Gemüse?

Schneide die Bildkarten aus.
Bitte klebe sie auf.

Obst	Gemüse

Name:

Bildkarten

Möhre	Banane	Brokkoli
Kohlrabi	Orange	Ananas
Kiwi	Mango	Zwiebel
Aubergine	Melone	Salat

Erntedankfest
Unterschiedliche Obst- und Gemüsearten liegen in der mit Heu gefüllten Sensorik-Wanne. Besonders schön duftet es, wenn man etwas frisch gemähtes Gras zwischen das Heu mischt.

Aber was gehört eigentlich zum Gemüse, und was gehört zum Obst? Ein Aufgabenblatt zum Schneiden und Kleben lädt zum Sortieren ein. Ein Lösungsblatt ermöglicht die Selbstkontrolle.

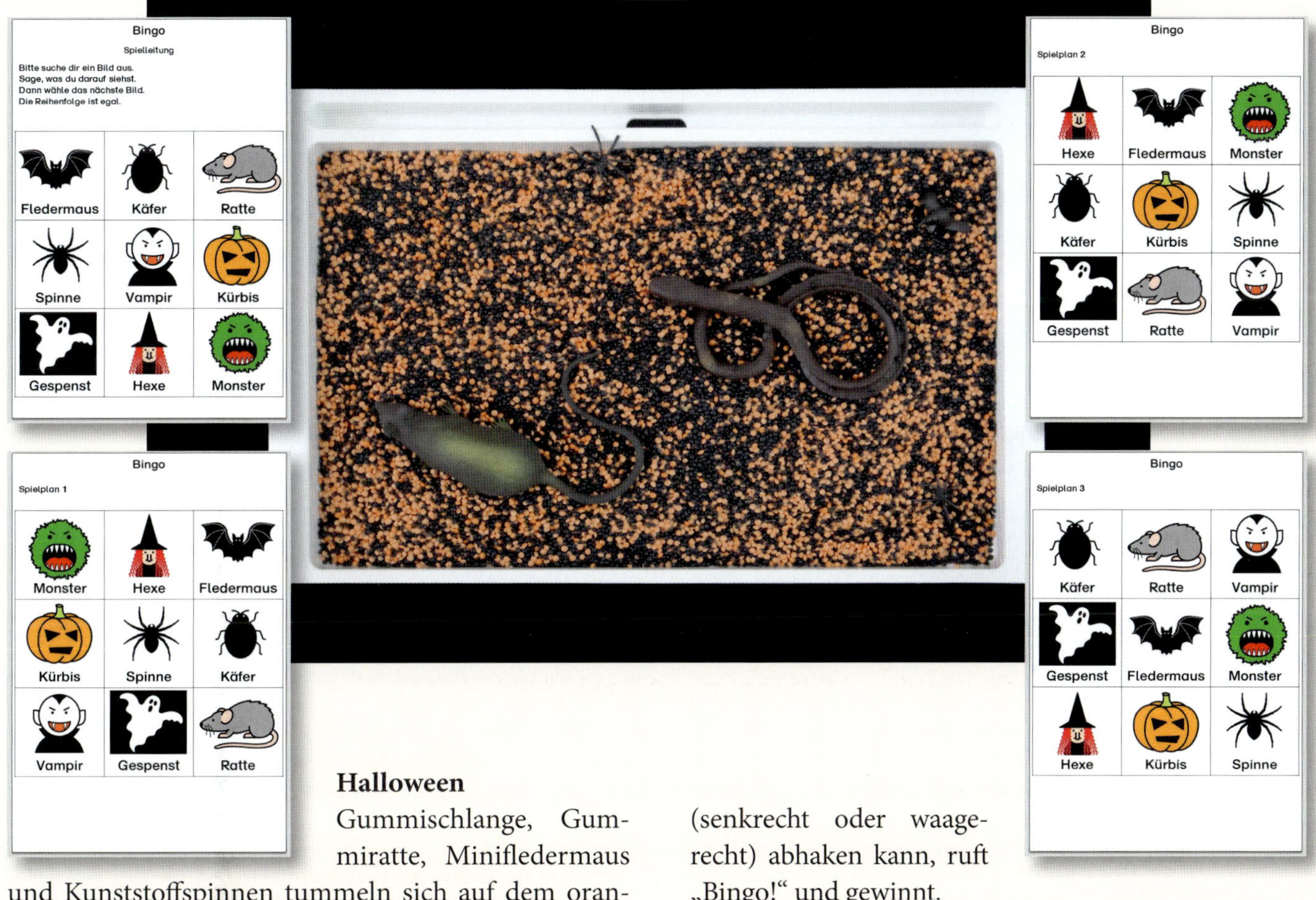

Halloween

Gummischlange, Gummiratte, Minifledermaus und Kunststoffspinnen tummeln sich auf dem orange-schwarzen Halloweentablett. Als Füllmaterial kommen schwarze und orangefarbene Linsen zum Einsatz. Einige Tropfen Patschuliduftöl sorgen für einen ungewöhnlichen Geruchsimpuls.

Zur weiteren Beschäftigung steht ein Halloween-Bingo bereit: Per Zufall werden von der Spielleitung neun Halloweensymbole in unterschiedlicher Reihenfolge benannt. Die Spielenden müssen diese auf ihren Spielplänen abhaken. Wer als erstes drei Symbole in einer Reihe (senkrecht oder waagerecht) abhaken kann, ruft „Bingo!“ und gewinnt.

Zur Zufallsauswahl der Symbole eignet sich besonders gut der Einsatz eines tasterbetriebenen Glücksrades (z. B. „All-Turn-It-Spinner“) oder der Einsatz eines einfachen Sprachausgabegerätes mit Zufallswiedergabe (z. B. „Smooth Talker“). Alternativ ist selbstverständlich die willkürliche Auswahl per Symboltafel möglich. Wird die Symboltafel in einzelne Kärtchen zerschnitten, können die Bildkarten gemischt und einzeln gezogen werden.

Weihnachten

Weihnachtsmann, Lebkuchenmännchen, ein rotnasiges Rentier und das Christkind bzw. ein Engel tummeln sich im fluffigen Rasierschaumschnee (Rezept Seite 42).

Während in der Sensorik-Wanne alles zur Weihnachtszeit passt, haben sich verschiedenste Figuren und Gegenstände in ein Arbeitsblatt geschlichen, die zu anderen Festen gehören. Raus damit!

Name:

Weihnachten

Welches Bild passt nicht in die Reihe?
Bitte streiche es durch.

Name:

Buddhistische Gebetsfahnen

Die buddhistischen Gebetsfahnen stammen aus Tibet.
Sie haben eine feste Reihenfolge:
Blau, weiß, rot, grün und gelb.
Bitte male die Fahnen in den richtigen Farben an.

Name:

Buddhistische Gebetsfahnen

Lösungsblatt

Vesakh

Im Buddhismus feiert man das Vesakh-Fest, um damit Buddha Siddhartha Gautama zu ehren. Kerzen und Blumen sind ein fester Bestandteil dieses Festes, und so finden sie sich auch in der mit Blütenblättern, Kunstblüten und elektrischen Kerzen gefüllten Sensorik-Wanne wieder. Natürlich darf auch eine Buddhafigur nicht fehlen.

Wer sich weiter mit dem Thema Buddhismus beschäftigen möchte, kann sich mit der Gestaltung tibetischer Gebetsfahnen befassen. Die richtige Farbreihenfolge der einzelnen Fahnen wird anhand eines Ausmalblattes zum Thema Reihenbildung geübt.

Chanukka

Das Bild eines neunarmigen Kerzenleuchters versteckt sich auf dem Sensorik-Tablett unter dem Füllmaterial. Aufgabe ist es, zu Ehren des jüdischen Chanukka-Festes den Leuchter freizulegen und seine neun Kerzen durch das Auflegen von roten Glasnuggets zu „entzünden".

Zusätzlich gibt es ein Ausmalbild zur Gestaltung eines eigenen Chanukka-Leuchters.

Zuckerfest

Zuckerperlen, Zuckersterne, bunter Puffreis und einige Schokostreusel feiern in dieser kleinen Flasche das Zuckerfest.

Im Rahmen einer ergänzenden Schreibaufgabe kommt Ordnung in das Süßigkeitendurcheinander: Süßes wird alphabetisch sortiert.

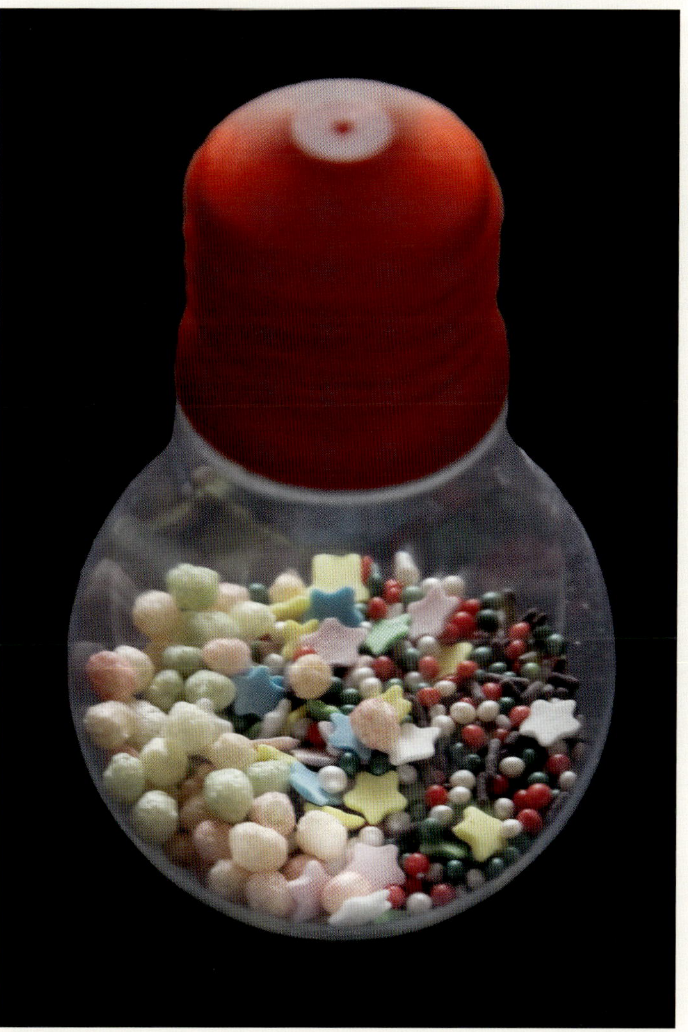

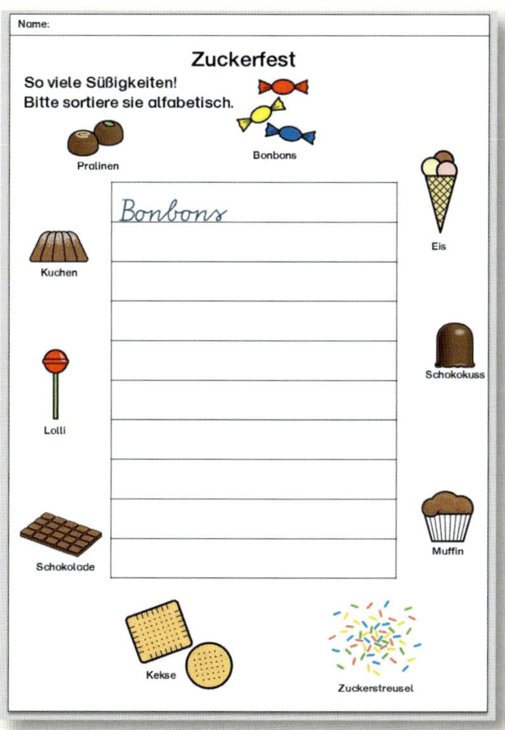

Name:

Zuckerfest

So viele Süßigkeiten!
Bitte sortiere sie alfabetisch.

Pralinen
Bonbons
Eis
Kuchen
Schokokuss
Lolli
Muffin
Schokolade
Kekse
Zuckerstreusel

Bonbons

6.10 Wellness und Entspannung

Name:

Salzkristall-Teelicht

Du brauchst:

		✓
	1 Glas	
	1 Löffel	
	100 Gramm Salz	
	100 Gramm (!) Wasser	
	Etwas Lebensmittelfarbe (flüssig oder in etwas Wasser aufgelöst)	
	1 Teelicht	

So geht es:

		✓
	Gib das Salz in das Glas.	
	Fülle das Wasser dazu.	
	Gib etwas Lebensmittelfarbe dazu.	
	Rühre alles gründlich um.	
	Stelle das Glas an einen warmen Ort. Lasse es ein bis zwei Wochen stehen. Achtung: Nicht am Glas wackeln!	
	Nach ein oder zwei Wochen siehst du: Es haben sich Kristalle gebildet. Stelle das Teelicht in das Glas. Fertig!	

Grobes Badesalz aus dem Drogeriemarkt, zwei Salzkristallbrocken aus dem Reformhaus und eine gute Portion duftender Lavendelblüten – mehr braucht es nicht für diese haptisch ungewöhnliche Sensorik-Wannenfüllung. Badesalz und Lavendelblüten können im Anschluss für ein Vollbad genutzt werden.

Im Rahmen eines thematisch passenden Experimentes werden kleine Salzkristalle selbsthergestellt und als Teelicht gestaltet. Aber Achtung: Die „Reifezeit" beträgt bis zu zwei Wochen. Eine schöne Aktion, die in der Schule z. B. vor den vierzehntägigen Ferien durchgeführt werden kann. Das bunte Ergebnis erwartet die Schülerinnen und Schüler bei ihrer Rückkunft nach den Ferien.

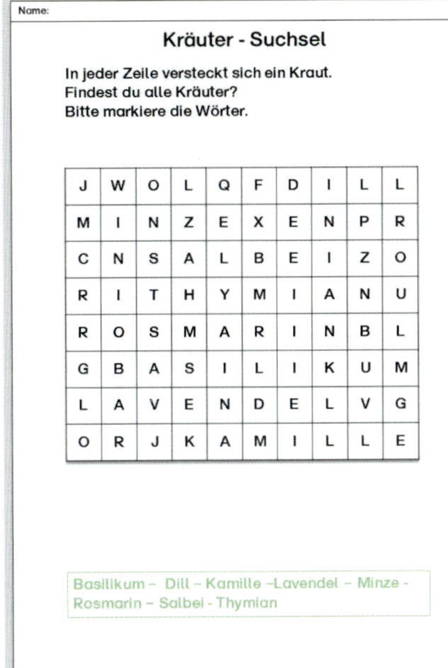

Name:

Kräuter - Suchsel

In jeder Zeile versteckt sich ein Kraut.
Findest du alle Kräuter?
Bitte markiere die Wörter.

J	W	O	L	Q	F	D	I	L	L
M	I	N	Z	E	X	E	N	P	R
C	N	S	A	L	B	E	I	Z	O
R	I	T	H	Y	M	I	A	N	U
R	O	S	M	A	R	I	N	B	L
G	B	A	S	I	L	I	K	U	M
L	A	V	E	N	D	E	L	V	G
O	R	J	K	A	M	I	L	L	E

Basilikum – Dill – Kamille –Lavendel – Minze - Rosmarin – Salbei - Thymian

Name:

Kräuter – Suchsel

Lösung

						D	I	L	L
M	I	N	Z	E					
		S	A	L	B	E	I		
		T	H	Y	M	I	A	N	
R	O	S	M	A	R	I	N		
	B	A	S	I	L	I	K	U	M
L	A	V	E	N	D	E	L		
			K	A	M	I	L	L	E

Samtig feine Heilerde liegt auf diesem Tablett. Mit lauwarmem Kamillentee vermischt verwandelt sie sich in eine streichbare Paste, die z. B. als Hand-Maske aufgetragen werden kann. Trocknet die warme Heilerde, kühlt sie ab und erzeugt ein leichtes Spannungsgefühl auf der Haut. Reibt man die getrocknete Heilerdemaske ab, verhilft sie der Haut zu einem natürlichen Peeling.

Lavendel, Salbei, Thymian und Co. – Wem gelingt es, die acht im Buchstabensuchsel versteckten Kräuternamen zu entdecken?

Klares Shampoo, mit wenigen Tropfen orangener Lebensmittelfarbe eingefärbt, darüber eine Schicht farbloses Shampoo und zum Schluss etwas Wasser warten in der Flasche darauf, zum Schaumbad vermischt zu werden. Eine einzelne Murmel hilft beim Mischen.

Produktion für den Verkaufsstand bei Schulfest, Flohmarkt und Co.: ein Rezept für Badeschaum. Die Zutaten werden abgemessen und in Flaschen gefüllt.

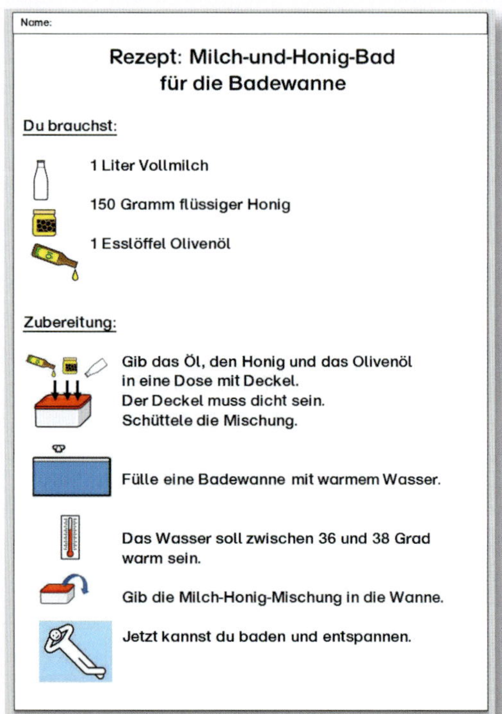

Name:

Rezept: Milch-und-Honig-Bad für die Badewanne

Du brauchst:

1 Liter Vollmilch

150 Gramm flüssiger Honig

1 Esslöffel Olivenöl

Zubereitung:

Gib das Öl, den Honig und das Olivenöl in eine Dose mit Deckel. Der Deckel muss dicht sein. Schüttele die Mischung.

Fülle eine Badewanne mit warmem Wasser.

Das Wasser soll zwischen 36 und 38 Grad warm sein.

Gib die Milch-Honig-Mischung in die Wanne.

Jetzt kannst du baden und entspannen.

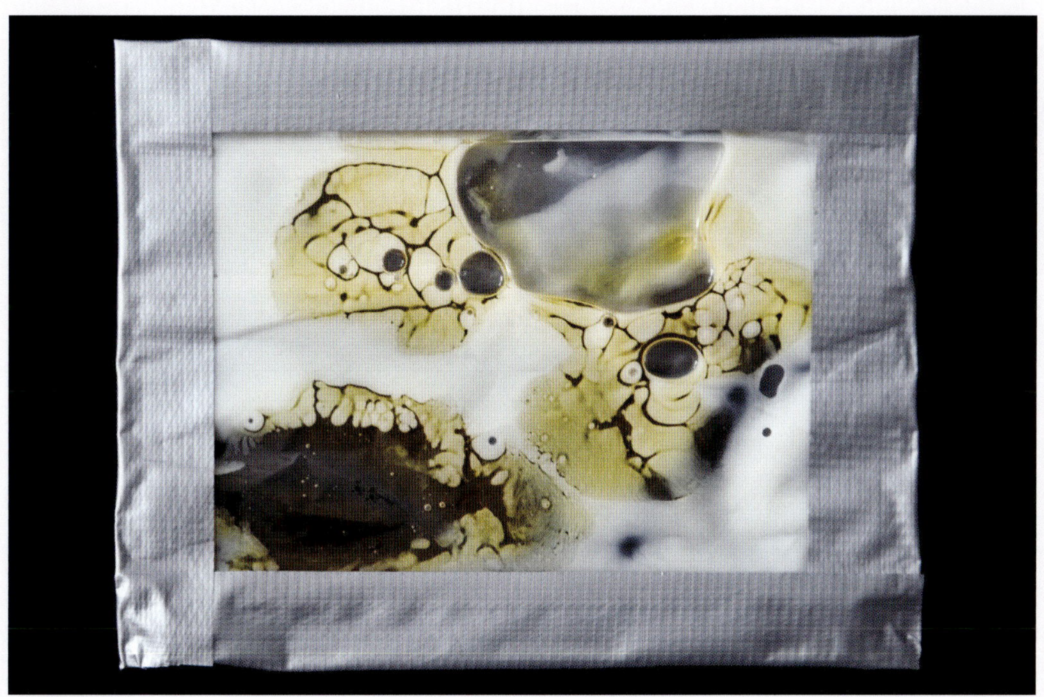

Milch, Honig und etwas Olivenöl lassen sich in diesem Sensorik-Säckchen entdecken und vermischen. Das Endergebnis kann als „Kleopatras Milch und Honig Bad“ beispielsweise als Hand- oder Fußbad genossen werden. Besonders angenehm fühlt es sich an, wenn der Beutelinhalt zuvor lauwarm erhitzt wurde.

Milch und Honig in der Wanne, Eigelb im Haar, Quark im Gesicht – in vielen Beauty-Rezepten werden tierische Inhaltsstoffe verwendet. Aber welches Produkt stammt eigentlich von welchem Tier? Eine Zuordnungsübung testet das Wissen darüber.

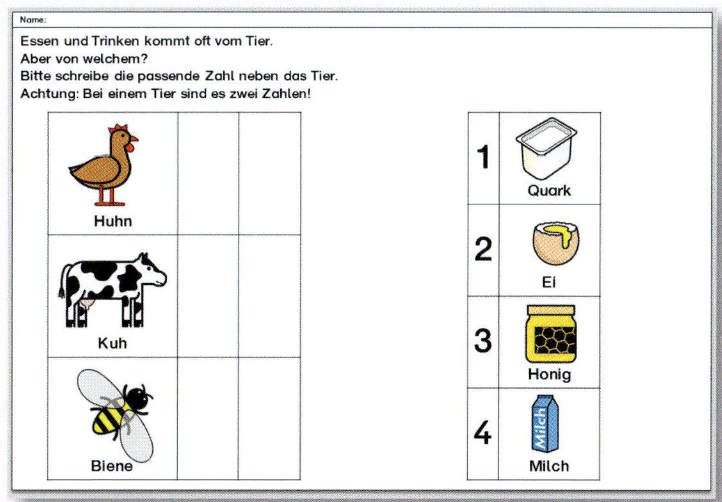

Name:

Essen und Trinken kommt oft vom Tier.
Aber von welchem?
Bitte schreibe die passende Zahl neben das Tier.
Achtung: Bei einem Tier sind es zwei Zahlen!

Tier		
Huhn		
Kuh		
Biene		

Nr.	Produkt
1	Quark
2	Ei
3	Honig
4	Milch

7 Sensorikangebote für Entwicklungs- und Förderbereiche

Neben der Orientierung an den Unterrichtsfächern bilden die Entwicklungs- und Förderbereiche einen zentralen Bestandteil ganzheitlicher Unterrichtsplanung. Und auch über den schulischen Kontext hinaus sind es die Kompetenzen in den Entwicklungsbereichen, die Kinder (und nicht nur Kinder) für das Leben stark machen. Schauen wir also, nachdem wir uns im vorausgegangenen Kapitel an Fachinhalten orientiert haben, nun auf die unterschiedlichen Entwicklungsbereiche (vgl. Flott-Tönjes 2017): Wahrnehmung, Motorik, Kognition (inkl. Konzentration und Lern- und Arbeitsverhalten), Soziabilität und Emotionalität. Der Bereich der Wahrnehmung ist in allen Sensorikangeboten quasi „automatisch" enthalten. Aber auch die anderen Entwicklungsbereiche lassen sich gezielt in die Sensorikangebote einbinden.

Im Gegensatz zu den fachlichen Angeboten werden in den folgenden Aufgabenstellungen nicht immer Arbeitsblätter und Aufgabenkarten zur gezielten Weiterbeschäftigung mit dem Sensorikmaterial eingesetzt. Hier ergibt sich vielmehr die konzentrierte Beschäftigung aus Spiel- und Kooperationsideen.

Mit diesem Sensorikangebot werden handmotorische Koordination und Kraftdosierung gefördert. Die Sensorik-Wanne ist gefüllt mit Zaubersand (Rezept siehe Seite 48 f.). Im Gegensatz zu normalem Spielsand bleibt dieser über einen längeren Zeitraum feucht und formbar, ohne auszutrocknen und zu zerbröseln. Als „portabler Sandspielplatz" lässt sich die Wanne darüber hinaus im Innenbereich an einem ergonomischen Sitz- und Arbeitsplatz einsetzen, im Gegensatz zum freien Spielen im Sand. Verschiedene Formen als Bauteile einer Burg liegen in der Sensorik-Wanne. Hier sind es spezielle Burgen-Förmchen, aber auch der Einsatz von schlichten Kunststoffdosen, Bechern und Co. ist möglich.

Aufgabe ist der Bau einer Burg nach bestimmten Vorgaben. Die entsprechenden „Auftragsdetails" finden sich auf den Auftragskarten. Werden die einzelnen Bauwerke vor ihrer „Zerstörung" kurz fotografiert, kann mit den Fotos ein Motorik-Portfolio gestaltet werden.

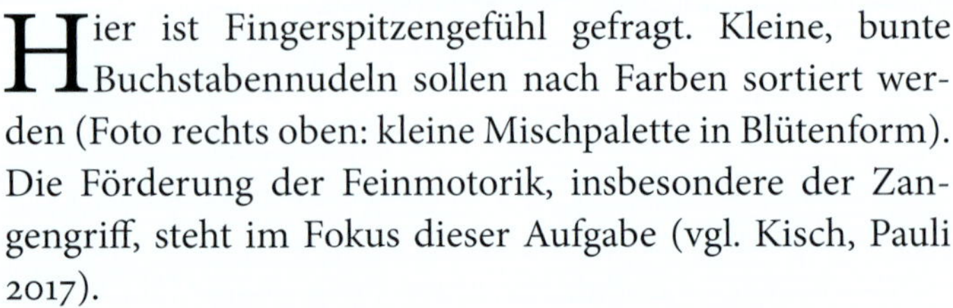

Hier ist Fingerspitzengefühl gefragt. Kleine, bunte Buchstabennudeln sollen nach Farben sortiert werden (Foto rechts oben: kleine Mischpalette in Blütenform). Die Förderung der Feinmotorik, insbesondere der Zangengriff, steht im Fokus dieser Aufgabe (vgl. Kisch, Pauli 2017).

Ist die Farbdifferenzierung noch nicht gesichert, kann die Aufgabe in der Zuordnung eines beliebigen einzelnen Buchstabens in ein Kästchenfeld bestehen (Foto rechts unten: Aquarell Farbpalette, rechteckig). Als Hilfsmittel können verschiedenste Arten von Pinzetten eingesetzt werden.

Bunt gefüllte Sensorik-Flaschen stehen mit standfestem Gewicht bereit, um in unterschiedlichste Motorikspiele eingebunden zu werden. Zum Beispiel als Hindernisparcour: Die Flaschen werden auf dem Boden verteilt und müssen im Slalom umlaufen bzw. mit dem Rolli umfahren werden, ohne dass sie dabei umfallen. Hier ist Auge-Fuß-Koordination bzw. für Rollstuhlfahrende Auge-Hand-Koordination gefragt. Varianten ergeben sich durch die Abwandlung der Slalom-Aufgaben, wie z. B. „Laufe/fahre einmal um die schwarze Flasche" etc.

Pimp My Sensorik-Säckchen: ein mit Milchreiskörnern gefüllter Ballon wird in ein rundes Tuch gebunden. Fest daran verknotet werden lange Federn. So entsteht ein selbstgemachtes Spiel- und Sportgerät, dass an ein Indiaca erinnert.

Als Aufgabe gibt es verschiedene Anreize zum Training der Auge-Hand-Koordination mit Hilfe des selbstgemachten Indiacas. Auf dem Arbeitsblatt werden einige Spiel-Ideen aufgezeigt, um das Werfen, Zielen und Fangen zu trainieren.

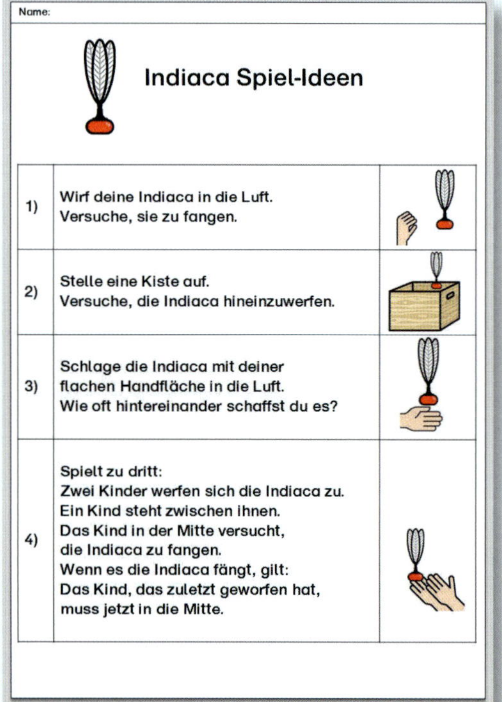

Name:

Indiaca Spiel-Ideen

1)	Wirf deine Indiaca in die Luft. Versuche, sie zu fangen.	
2)	Stelle eine Kiste auf. Versuche, die Indiaca hineinzuwerfen.	
3)	Schlage die Indiaca mit deiner flachen Handfläche in die Luft. Wie oft hintereinander schaffst du es?	
4)	Spielt zu dritt: Zwei Kinder werfen sich die Indiaca zu. Ein Kind steht zwischen ihnen. Das Kind in der Mitte versucht, die Indiaca zu fangen. Wenn es die Indiaca fängt, gilt: Das Kind, das zuletzt geworfen hat, muss jetzt in die Mitte.	

Deine Aufgabe:

Klette Fahrzeuge nach links. Klette Tiere nach rechts.

Kompetenzen im Bereich „Kategorien bilden/ Klassifizierung“ stehen im Fokus dieser Sensorik-Wanne. Im Füllmaterial gibt es Gegenstände zu entdecken, die zu zwei unterschiedlichen Kategorien gehören. Im gezeigten Beispiel sind es „Tiere“ und „Fahrzeuge“. Je nach Verfügbarkeit kann beliebiges Material zur Klassifizierung genutzt werden, abhängig davon, was die aktuelle Lernumgebung hergibt.

Die daraus abgeleitete Übung bezieht sich dementsprechend auf die Ordnung der Gegenstände: Tiere in die eine Kiste, Fahrzeuge in die andere. Eine TEACCH-Mappe greift diese Übung unabhängig von der Sensorikwanne auf.

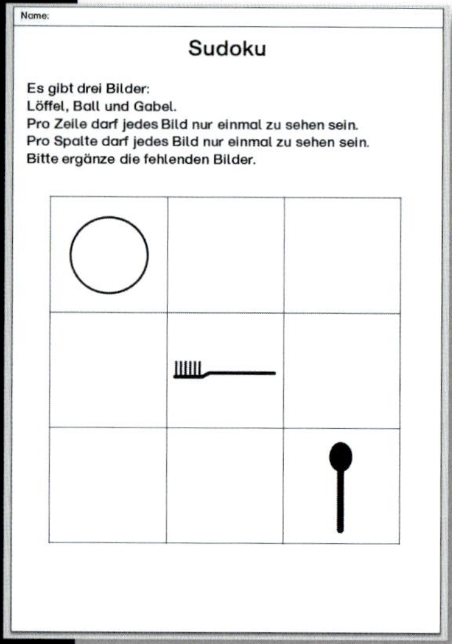

Name:

Sudoku

Es gibt drei Bilder:
Löffel, Ball und Gabel.
Pro Zeile darf jedes Bild nur einmal zu sehen sein.
Pro Spalte darf jedes Bild nur einmal zu sehen sein.
Bitte ergänze die fehlenden Bilder.

Mit diesem Sensorik-Tablett kann das Symbolverständnis gefestigt werden. Jeweils drei gleiche Symbolkarten gibt es zwischen den Teilen der Basisfüllung zu entdecken, ebenso wie der jeweils entsprechende Realgegenstand, der den Symbolen zugeordnet werden kann.

Wer es schwieriger mag, kann mit den Symbolen versuchen, ein 9er Sudoku zu legen.

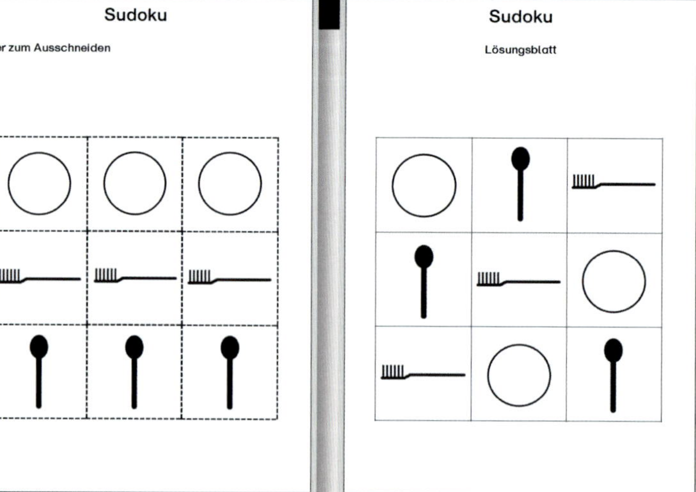

Name:

Sudoku

Bilder zum Ausschneiden

Name:

Sudoku

Lösungsblatt

Die gelben Eierhülsen aus Schokoladeneiern sind paarweise mit verschiedensten Klangmaterialien gefüllt: Grieß, Reis, Nudeln, Bucheckern und Co.

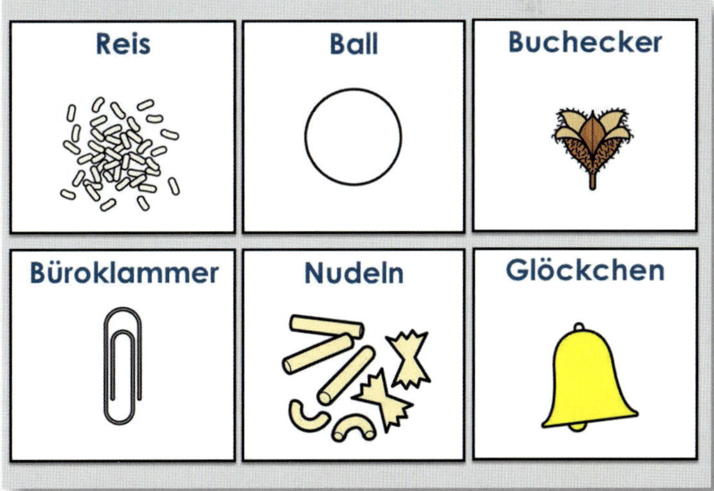

Bei diesem Spiel sind genaues Hinhören und gute Konzentration angesagt, denn immer zwei Hohlfigurenfüllungen klingen gleich und sollen als Paare zugeordnet werden. Je nach Spielniveau lässt sich der Schwierigkeitsgrad zusätzlich erhöhen, indem durch Veränderung des Füllmaterials die Intensität der akustischen Unterschiede minimiert wird. Bildkarten können helfen, die Hör-Paare passend abzulegen.

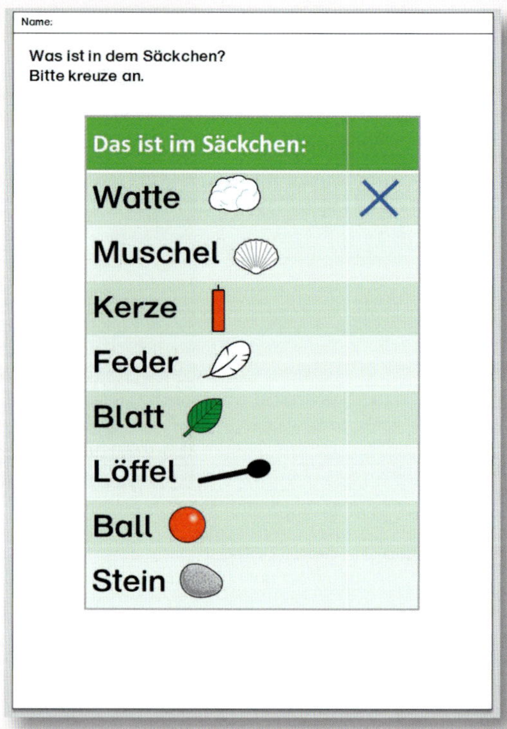
Name:

Was ist in dem Säckchen?
Bitte kreuze an.

Das ist im Säckchen:	
Watte	X
Muschel	
Kerze	
Feder	
Blatt	
Löffel	
Ball	
Stein	

In Anlehnung an die „Geheimnisvollen Beutel“ von Maria Montessori sind in diesem Sensorik-Säckchen Gegenstände mit unterschiedlichen haptischen Qualitäten verborgen (Watte, Muschel etc.).

Mit diesem klassischen Fühlsäckchen sind variantenreiche Übungen möglich: Verbalisierung von haptischen Qualitäten bzw. der Beschreibung und Benennung von den ertasteten Gegenständen, Kategorisierungen oder der Einsatz als Erzählsäckchen, mit dessen Impuls kleine Geschichten entwickelt oder Erzählanlässe erschaffen werden.

Als Aufgabe zur Schulung des Gedächtnistrainings wird der Inhalt des Säckchens erfühlt, versteckt und mit Hilfe einer Liste zum Ankreuzen abgefragt.

Es war einmal … Im Füllmaterial sind unterschiedlichste Figuren und Gegenstände verborgen, mit denen, in Anlehnung an die „Erzählsäckchen", kleine Geschichten erfunden werden können.

Bei dieser Sensorik-Wanne ist Teamarbeit gefragt: Pro mitspielende Person wird ein Objekt herausgeholt, wobei jedes Herausholen mit dem Weiterspinnen einer Geschichte verbunden ist. Die Startspielerin bzw. der Startspieler beginnt mit „Es war einmal" und dem entsprechenden Objekt, zum Beispiel „eine Maus". Die zweite Person zieht einen weiteren Gegenstand hervor, zum Beispiel einen Tannenzapfen, und führt die Geschichte weiter: „Es war einmal eine Maus, die spielte am liebsten mit Glöckchen …" Wie es mit der glöckchenbegeisterten Maus weitergeht, erzählt die dritte Person. Wichtig sind die beiden Regeln: „Niemand wird für eine Idee ausgelacht" und „Alles ist möglich", d. h. der Fantasie sind keine Grenzen gesetzt. Mit dieser Aufgabe kann eine Gruppe erleben, wie jedes einzelne Mitglied einen Beitrag zu einem „literarischen Gesamtkunstwerk" leistet. Eine Audioaufnahme oder die Verschriftlichung des Textes sichert das Ergebnis bzw. dient als Grundlage für die Überarbeitung.

Im Sensorik-Tablett liegen Gefühlssteine, deren Gesichter Gefühle wie Freude, Stolz, Angst, Wut und Trauer spiegeln.

Die Gefühlssteine können als Gesprächsimpulse dienen. Eine Sortiervorlage mit den Feldern „Gefühle, die ich mag“ und „Gefühle, die ich nicht mag“ unterstützt dabei, die Gefühlssteine diesen beiden Kategorien entsprechend zu sortieren und über das individuelle Erleben dieser Emotionen zu reflektieren.

Name:

Welche Gefühle magst du?
Welche Gefühle magst du nicht?
Bitte ordne die Gefühls-Steine zu.

Gefühle, die ich mag.

Gefühle, die ich nicht mag.

Diese Sensorik-Flasche, gefüllt mit viel Babyöl, einigen Tropfen Lebensmittelfarbe und einigen Tropfen Wasser, lässt bunte Tropfen wie schwerelos durch die Flasche gleiten. Die Flasche mit ihren langsamen, sich stetig verändernden Tropfenformationen kann einen beruhigenden Effekt haben und im Sinne eines „Calm Play"-Angebotes eingesetzt werden.

In diesem Säckchen wird das Grundmaterial vieler Sensorikangebote hergestellt: gefärbter Reis. Der noch weiße Reis, mit Lebensmittelfarbe und etwas Essig ergänzt, wird in der gut verknoteten und ggf. doppelt gesicherten Tüte als „heiße Kartoffel" für das gleichnamige Gruppenspiel verwendet. Das bedeutet: Das Säckchen muss, so schnell es geht, von einer Person zur nächsten geworfen bzw. weitergereicht werden. Das Weiterreichen sollte so zügig wie möglich erfolgen – als hätte man eine heiße Kartoffel in der Hand. Ganz nebenbei wird die Tüte geknetet, der Inhalt vermischt und der Reis gefärbt.

7.4 Kommunikative Kompetenzen: Unterstützte Kommunikation

Fast alle Sensorikangebote lassen sich, zum Teil ohne größeren Aufwand, als Angebote adaptieren, in denen Methoden und Fähigkeiten im Bereich Unterstützte Kommunikation eingesetzt, geübt und gefestigt werden können. Die folgenden Punkte zeigen, welche Möglichkeiten es gibt. Es sind jeweils exemplarische Beispiele, die auf viele andere Angebote übertragen werden können.

Mitnutzen: Tafeln, Talker und technische Hilfsmittel in die Sensorikangebote einbinden

Wann immer es geht, bauen Sie UK-Hilfsmittel in die Sensorikangebote ein. Ideen hierzu bieten die folgenden Unterkapitel. Egal ob elektronische Kommunikationshilfe, iPad bzw. Tablet oder Symboltafel: Die vielfältigen Materialien der Sensorikangebote laden dazu ein, Randvokabular zu üben (z. B. Thema „Tiere"), bestimmte Themenfelder zu festigen (z. B. Thema „Farben") oder in der gemeinsamen Kommunikation Kernvokabular zu nutzen (z. B. „Nochmal!", „Ich auch!", „Jetzt du" etc.). Auch einfache Kommunikationshilfen wie BIGmack und Step-by-Step lassen sich in diesem Zusammenhang einsetzen, um Aktionen zu kommentieren. Ein Würfel lässt sich durch ein tasterbetriebenes „Glücksrad" wie den All-Turn-It-Spinner ersetzen (siehe Seite 109, Halloween).

Thementafeln lassen sich mit etwas Geschick so arrangieren, dass sie ohne großen Aufwand auch über den sensorikbezogenen Einsatz hinaus in anderen Situationen nachhaltig eingesetzt werden können.

Darüber hinaus lassen sich viele der Arbeitsblätter und -materialien mit dem Audiostift vorlesen und bearbeiten, wenn die entsprechenden Sprachaufnahme-Sticker neben die Bilder bzw. Wörter des Arbeitsblattes geklebt werden. Hier macht ggf. das Laminieren der Arbeitsblattvorlagen Sinn, um die kostspieligen Klebepunkte der Vorlesestifte zu schützen.

Mitbestimmen

Einer der ersten und wichtigsten Aspekte im Bereich Unterstützte Kommunikation ist der Aspekt der Mitbestimmung, ganz gleich, ob dazu hochkomplexe, technische Geräte zum Einsatz kommen, die Auswahl mit „Ja oder Nein" abgefragt wird (was kognitiv nicht minder komplex ist), oder eine Zeigetafel zum Einsatz kommt. Letztere lässt sich mit den Fotos aus diesem Buch gestalten: Mit Hilfe der Abbildungen kann per Fingerzeig oder per manuellem Scanningverfahren eine Aktion nach Wunsch ausgewählt werden. Eine Fotoübersicht wird auf der Verlagsseite zum Download angeboten (siehe Link auf Seite 142).

Je nach den visuellen und kognitiven Fähigkeiten ist es ggf. nötig, eine Vorauswahl zu treffen und die Bilder als einzelne Karten zu vergrößern. Als elektronische Variante kann die Bildübersicht auch auf diverse elektronische Sprachausgabegeräte übertragen werden.

Eine weitere Mitbestimmungsmöglichkeit bietet sich während der gemeinsamen Herstellung der Materialien an: In welcher Farbe soll der Reis gefärbt werden? Wonach soll der Farbreis duften? Welche Highlights sollen in der mit Farbreis gefüllten Sensorik-Wanne zum Einsatz kommen? Auch hier bietet sich der Einsatz einer analogen oder elektronischen Kommunikationstafel an.

Wer Ziel- bzw. Kernvokabular trainieren möchte, kann ebenfalls eine entsprechende Tafel anlegen (siehe Seite 135).

Mitmischen: Plauderpläne und Sprechtexte

Klare Ansage: Ein unterstützt kommunizierendes Kind erteilt die Anweisungen zur Herstellung von Sensorikmaterial. Der Einsatz eines „sprechenden Tasters" (zum Beispiel Step-by-Step) machte es möglich. Toller Effekt: Das Kind steht als zentrale Instanz im Mittelpunkt des Geschehens und alle übrigen Beteiligten lauschen seinen Worten. Darüber hinaus wird die Lehrkraft, oder wer auch immer das Angebot koordiniert, entlastet, denn die Erklärungen wurden bereits im Vorfeld verbal minimiert und strukturiert auf dem Sprachausgabegerät vorbereitet. Am Beispiel des Schaumteigrezeptes (vgl. Seite 42) wird im Folgenden ein exemplarischer Sprechtext vorgestellt. Mit geringen Abwandlungen lässt sich dieses Beispiel als sprachliches Gerüst (grün gefärbt) auf die anderen Angebote übertragen.

Auswahltafel Sachunterricht

Text auf dem Sprachausgabegerät:
„Hey, Leute, hört mal her!
Wir machen jetzt Schaumteig.
Ich erkläre euch, wie das geht.
Hört mir bitte zuerst gut zu.
Wenn ich fertig bin, sage ich ‚Ende'.
Dann dürft ihr selber Schaumteig machen.
Also, aufgepasst:

Erstens: Spritzt den Rasierschaum in die Schüssel.
Zweitens: Schüttet etwas Stärkepulver in den Schaum.
Drittens: Vermischt Rasierschaum und Stärke mit den Händen. Der Teig sollte sich jetzt luftig und fluffig anfühlen.
Viertens: Wenn euer Teig krümeliger werden soll, dann schüttet noch mehr Stärkepulver hinein.
Fünftens: Mischt, matscht und habt Spaß!
Ende – ihr dürft loslegen!“

Auch als Pausen-Smalltalk lässt sich über die Sensorikangebote sprechen: Plauderplantexte auf Talker, Step-by-Step und Co. bieten die Möglichkeit, mit anderen Personen in einen Dialog zu treten. Ein Beispiel für einen Plauderplan wird im Folgenden skizziert. Fiktives Szenario ist eine Pausensituation in der Schule, nachdem Schaumteig-Schnee hergestellt wurde. Der „Schnee“ ist noch in der Klasse zu bewundern. Auch in diesem Beispiel wurden allgemein einsetzbare Sprachgerüstteile grün gefärbt. Sie orientieren sich an der sprachdramaturgischen Struktur „Aufmerksamkeit erregen – Gesprächsstarter – Spannungsaufbau – Sprecherwechsel – Ausklang“.

„Hallo, du da!“ (Antwort z. B.: „Hi.“)
„Ich möchte dir was erzählen.“ (Antwort z. B.: „Was denn?“ Oder: „Schön für dich.“)
„Ich habe nämlich gerade etwas ziemlich Cooles gemacht.“ (Antwort z. B.: „Toll!“ oder „Na und?“)
„Rate doch mal, was es war.“ (Antwort z. B. „Du hast Waffeln gebacken?“ oder „Kein Bock zu raten.“)
„Ich sehe schon: Ich erzähl‘ das lieber selber. Also: Ich habe Rasierschaum in Pulverschnee verzaubert!“ (Antwort z. B. „Wow!“ oder „So ein Quatsch, das geht nicht!“)
„Das ist mega fluffiger Schnee, mitten im Klassenzimmer. Willst du mal sehen?“ (Antwort z. B. „Ja, gerne!“ oder „Nee, keine Lust!“)
„Okay, alles klar!“ (Die beiden fahren oder gehen gemeinsam zur Klasse bzw. trennen sich an dieser Stelle)

Mitspielen: Spiele und Aktionen

Die in diesem Buch vorgestellten Sensorikangebote können mehr sein als Wahrnehmungs- und Lernimpulse. Sie können Spiel-, Spaß- und Beschäftigungsmöglichkeiten schaffen und damit vielfältige kommunikative Möglichkeiten bieten.

Zum einen kann hier handlungs- und spielsteuerndes Vokabular zum Einsatz kommen, das per Symbol, Sprachausgabe oder Gebärde vorbereitet und geübt werden kann. Ein Beispiel für eine Worttafel kann folgendermaßen aussehen:

Spiele wie themenbezogenes Memory, Bingo, Sudoku und Co., wie es beispielsweise in den Sensorik-Angeboten Seite 66, Seite 109 und Seite 124 zum Einsatz kommt, bedürfen eines gemeinsamen Themenvokabulars. Eine schöne Gelegenheit, eine Kommunikationstafel mit spiel- und alltagsbezogenem Vokabular zu erstellen. Exemplarisch hier das bereits auf Seite 109 vorgestellte Bingofeld, das um schriftsprachliche Benennungen und einige spielsteuernde Aussagen ergänzt wurde. Nach gleichem Muster lassen sich beliebige Thementafeln zum Spielen gestalten und mit nur wenigen Abwandlungen für alternative Spiele wie Memory oder Sudoku adaptieren.

Sowohl in Sensorik-Wannen als auch in Sensorik-Säckchen mit undurchsichtiger Basisfüllung (z. B. Belugalinsen, Farbreis oder Rasierschaum) lassen sich wunderbar kleine Gegenstände oder Streuteile verstecken. Eine gute Gelegenheit „Ich sehe was, was du nicht siehst“ zu spielen: Ein Kind wählt heimlich einen der versteckten Gegenstände aus, verbirgt ihn dann wieder und lässt die anderen danach wühlen und raten. Auch hier kommt eine einfache UK-Tafel zum Einsatz, sei es auf Papier oder als Talkeroberfläche. Mit nur geringen Adaptionen lassen sich auch Spiele wie „Ich packe meinen Koffer“ damit spielen. Gebärden sind, wie immer, ebenfalls für „mit den Händen Sprechende“ eine Option.

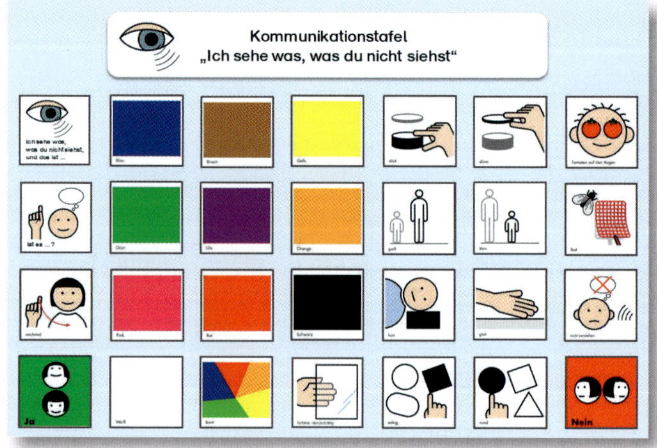

Mitreden: Kernvokabular und Co.

Egal ob als Gebärde, als Symbol oder per Sprachausgabe: Das Üben und Festigen von Kernvokabular lässt sich auf unterschiedlichste Weise in die Herstellung der Sensorikmaterialien und in die Beschäftigung mit den Sensorikangeboten einbinden. Das entsprechende Kernvokabular findet sich in reduzierter Form auf dieser Kommunikationstafel:

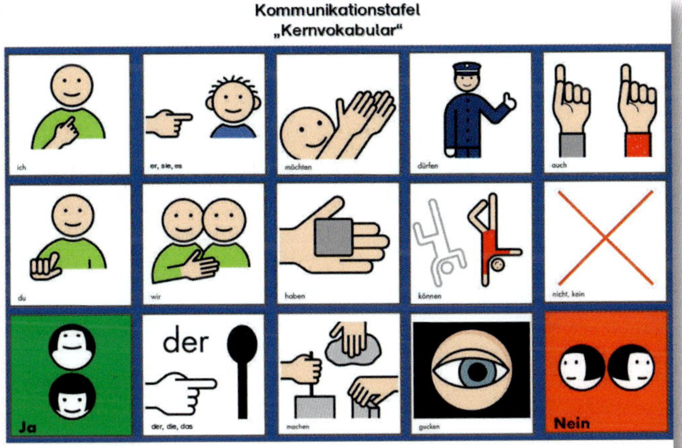

Doch auch das Randvokabular kann anhand der Sensorikangebote gefestigt und erweitert werden. Insbesondere Farben, haptische Qualitäten und Duftstoffe bieten sich zur Erweiterung des Sprachvokabulars an.

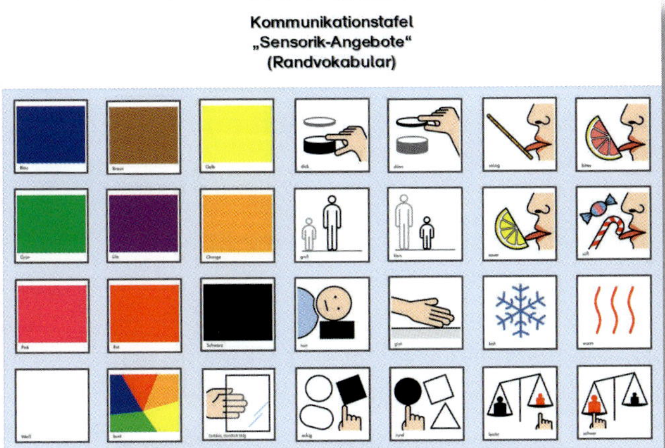

Tipps

- Themenbezogene Kommunikationstafeln von elektronischen Kommunikationshilfen, Tablets und Ähnlichem können per Screenshot oder Foto in ein analoges Format übertragen und als „klassische“ Kommunikationstafel genutzt werden.
- Einmal ausgedruckt und laminiert, können die Sensorikangebote als Karten im Sinne einer Spielekartei gesammelt, genutzt und beliebig erweitert werden. Eine Übersicht über die einzelnen Angebote der „Spielekartei“ dient als UK-Auswahltafel, um gezielt Angebote auszusuchen oder vorzuschlagen.
- Die für die Sensorikangebote erstellten UK-Tafeln in doppelter Ausfertigung ausdrucken (bzw. bei elektronischen Geräten Screenshots oder Fotos der Oberfläche anfertigen und ausdrucken). Das doppelt angefertigte Blatt im A4-Format zusammen mit den entsprechenden Arbeitsblättern und Aufgabenkarten des Sensorikangebotes als Kopiervorlagen in einem Ordner abheften. So erhält man einen ruckzuck einsetzbaren Materialordner.
- Eine Sammlung aller erstellter Kommunikationstafelvorlagen wird ebenfalls als Download zur Verfügung gestellt (siehe Link auf Seite 142.). Sie kann in einem separaten Ordner abgeheftet und als Kommunikationsordner zur Verfügung gestellt und eingesetzt werden.

7.5 TEACCH-Strukturierung

Über die Strukturierung nach TEACCH werden ganze Bücher gefüllt (z.B. Häußler 2005, 2014; Solzbacher 2016). Auf diese sei hiermit für detaillierte Informationen verwiesen. Einige Ideen, wie sich sensorische Angebote als strukturierte Aktionen im Sinne des TEACCH-Ansatzes gestalten lassen, werden darüber hinaus im Folgenden anhand von exemplarischen Adaptionen vorgestellt. Mit ein wenig Fantasie und Kreativität lassen sie sich auch auf andere Angebote übertragen.

Grundsätzlich gilt bei der nach TEACCH strukturierten Beschäftigung: Gearbeitet wird an einem aufgeräumten Arbeitsplatz, wobei die zu bearbeitende Aufgabe links positioniert wird, die Erarbeitung im mittleren Bereich erfolgt und die fertige Aufgabe in einem rechts positionierten „Fertig-Korb“ oder Ähnlichem abgelegt wird. Ein visualisierter Ablaufplan verschafft zusätzliche Orientierung. Günstig bei Arbeitsaufträgen und -vorgängen ist darüber hinaus eine kleinschrittige Abhakliste oder alternativ ein Umklapp-Plan zur Handlungsstrukturierung. Ein Beispiel hierfür findet sich bei der Anleitung zur Herstellung des Salzkristall-Teelichts (siehe Seite 114).

Vom Arbeitsblatt zur TEACCH-Mappe

Viele der oben aufgeführten Arbeitskarten lassen sich ohne großen Aufwand in TEACCH-Mappen umwandeln. Beispiele dafür, wie die Inhalte von Sensorik-Wanne und Co. aufgegriffen und in inhaltlich weiterführende TEACCH-Aufgaben übertragen werden, finden sich auf Seite 54f., Seite 67, Seite 94 und Seite 123. Aber auch viele der in diesem Buch vorgestellten Arbeitsblätter und Materialien lassen sich nach ähnlichem Prinzip in Arbeitsmappen verwandeln. Lernzielorientierte Aufgaben, wie zum Beispiel Zuordnungsaufgaben, Sortieraufgaben, Kategorisierungsaufgaben etc., lassen sich auf diese handlungsorientierte Weise in strukturierter Form bearbeiten. TEACCH-Mappen, in denen es „nur“ um das Umkletten von Klettbildern von einer Mappenseite auf die andere geht, bieten hingegen kaum inhaltliche Lernimpulse. Hier geht es eher um eine kleinschrittige Förderung des Lern- und Arbeitsverhaltens oder der Auge-Hand-Koordination.

Von Sensorik-Wanne, Tablett und Co. zur TEACCH-Aufgabe

Sensorik-Wannen und -tabletts kommen alles andere als ordentlich daher, immerhin steckt in ihnen ein Sammelsurium an Materialien und Gegenständen. Andererseits bietet genau diese Vielfalt die Möglichkeit zum strukturierten Arbeiten – vorausgesetzt, man formuliert und visualisiert die Zielsetzung deutlich und verwendet strukturierende Hilfsmittel zum Sortieren und Strukturieren. Wie auch die Sensorikangebote selbst können dabei auch diese Hilfsmittel durchaus aus Alltagsgegenständen bestehen.

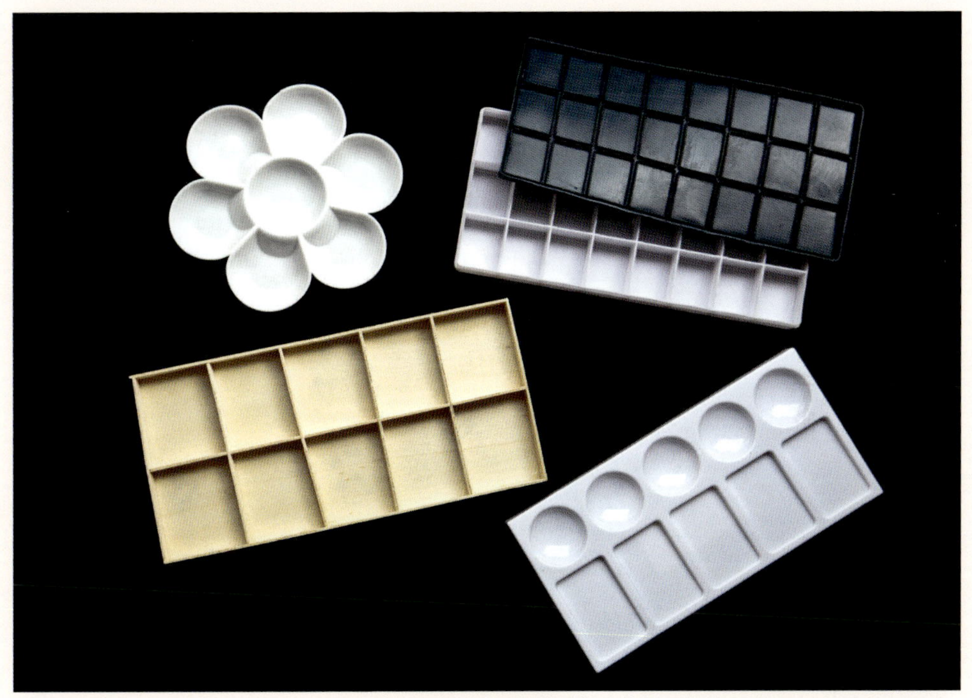

Mit diesen Sortierkästchen können, ähnlich wie bei den Mappenaufgaben, allerdings nicht zweidimensional, sondern dreidimensional, Aufgaben zum Kategorisieren, Sortieren und (Zu-)Ordnen im TEACCH-Format angeboten werden. Ein Beispiel hierfür ist die Aufgabe auf Seite 68, bei der bunte Pompons in entsprechend farblich markierte Felder eines Sortierschälchens geordnet werden sollen.

Die Sensorik-Tabletts lassen sich auch in Anlehnung an die Montessoripädagogik für die TEACCH-Arbeit adaptieren. Hierbei wird das Tablett nicht vollständig mit Füllmaterial bestückt, sondern hält Behälter mit Materialien und ggf. „Werkzeugen" bereit. So können die einzelnen Handlungsschritte einer Aufgabe nacheinander, isoliert und konzentriert ausgeführt werden (vgl. Bläsius 2008, Borstelmann b 2012, Klingenberg 2019). Zum Beispiel: Das Sensorik-Tablett von Seite 68, auf dem Pompons nach Farben sortiert werden sollen, wird nicht vollständig mit Pompons gefüllt. Stattdessen liegen einige gelbe, blaue und rote Pompons in einem weißen Schälchen, während jeweils ein leeres Schälchen in gelb, blau und rot darauf wartet, mit den entsprechenden Farbpompons gefüllt zu werden. Besteht keine Rot-Grün-Sehschwäche, können auch grüne Pompons zum Einsatz kommen.

Auch „Klassiker" der TEACCH-Förderung wie „Dosen- und Schuhkartonaufgaben" lassen sich mit Sensorikmaterial gestalten. Als reine „Steckaufgabe" ohne fachliche Lernzielorientierung lässt sich dabei fast jedes Material einsetzen: Maiskörner können in Dosen und Federn in die Schlitze von Kartons gesteckt werden, Kastanien rutschen durch die Öffnungen von Kartonröhren. Nach diesem Prinzip sind diverse Varianten und Gestaltungsalternativen möglich (vgl. z. B. Schatz/ Schellbach 2008, Solzbacher 2016). Geübt wird hiermit beispielsweise die Auge-Hand-Koordination oder auch das kurzzeitig konzentrierte Arbeiten.

Aber auch zur zielführenden Projektarbeit können solche Formen der TEACCH-Aufgaben eingesetzt werden. Ein Beispiel ist die Einladung zur indischen Teestunde (vgl. Seite 88): Kardamomkapsel, Nelke und Sternanis werden wiederholt in Sortierkästchen sortiert und bilden die Grundlage für die einzelnen Chai-Portionen der eingeladenen „Teekränzchengäste“, die mit jeweils einer eigenen Portion Chai-Tee bewirtet werden.

8 Ausklang

Zugegeben: Gefärbter Reis ist nicht die Antwort auf alle Wahrnehmungsdefizite. Aber die gelegentliche Kombination von Lern- und Sensorikangeboten ist sicherlich ganzheitlicher und abwechslungsreicher, als es die entsprechenden Einzelaufgaben wären. Selbst, wenn Sensorik-Säckchen „nur" mit Gewürzkräutern bestückt werden, die vom letzten Grillabend übriggeblieben sind, bereichern sie die Wahrnehmungserfahrung deutlich mehr, als der übliche Umgebungsgeruch. Bindet man an diese Säckchen jeweils einzelne Holzziffern, um sie in Sortierkästchen mit den entsprechenden grafischen Mengendarstellungen abzulegen, ergibt sich daraus eine sensorisch unterstützte Zuordnungsübung. Das Herausgreifen von Herbst-Bildkartenpaaren aus einer Sensorik-Wanne oder einem Sensorik-Tablett voller Blätter, Eicheln und Kastanien bietet mehr Möglichkeiten, Lerninhalte multi-sensorisch abzuspeichern, als das Streichen über glatte Touchscreen-Oberflächen beim digitalen Herbstmemory. Und ein Jugendlicher mit schwerer Behinderung, der sich gerne mit Rasseln beschäftigt, wird mit einer coolen Fußball-Sensorik-Flasche (z. B. als Variante der Sensorikwanne von Seite 99) von seinen Mitschülerinnen und Mitschülern anders wahrgenommen werden, als würde er mit seiner alten Babyrassel spielen. Eine Trainerfunktion kann er einnehmen, indem er mit einem sprechenden Taster die auf Seite 99 aufgeführten Fußballfachbegriffe erklärt oder abfragt.

In diesem Sinne endet das Buch mit einem Plädoyer für das „Hineinschmuggeln" von Wahrnehmungsimpulsen in Lernaufgaben.

Und umgekehrt.

Über die Autorin

Dr. Nicol Goudarzi ist Pädagogin und seit vielen Jahren in den Bereichen „Unterstützte Kommunikation“ und „Schwerstbehindertenförderung“ aktiv. Sie unterrichtete an Schulen mit den Förderschwerpunkten „Körperliche und motorische Entwicklung“ sowie „Geistige Entwicklung“ und in Inklusionsschulen. Als Fachleiterin bildet sie zukünftige Lehrerinnen und Lehrer für das Lehramt für Sonderpädagogische Förderung aus. Nicol Goudarzi entwickelte das Konzept der Basalen Aktionsgeschichten als lernziel-, kommunikations- und wahrnehmungsorientiertes Instrument zur Gestaltung von Unterricht für Kinder und Jugendliche mit intensivpädagogischem Förderbedarf. Neben den im von Loeper Literaturverlag erschienenen „Basalen Aktionsgeschichten“ hat die Autorin auch den Roman „MAXIMAL UNSICHTBAR“ vorgelegt, der in einer Version in einfacher sowie schwerer Sprache erschienen ist.

Kontakt:
info@goudarzi.de
www.goudarzi.de

Literatur

Arnwine, Bonnie: Starting sensory therapy. Arlington: Sensory World 2011

Ayres, A. Jean: Grundlagen der kindlichen Entwicklung. Heidelberg: Springer 2002

Bernasconi, Tobias/ Böing, Ursula: Pädagogik bei schwerer und mehrfacher Behinderung. Stuttgart: Kohlhammer 2015 (Kompendium der Behindertenpädagogik, Hrsg. V. Heinrich Grevening)

Bertrand, Anette/ Stratmann, Elke: Basales Theater. Dortmund: Verlag modernes Lernen 2002

Bläsius: Das kann ich schon selber. Freiburg: Herder 2008

Borstelmann, Antje/ Fink, Michael: Aktionswannen – Fühlen, Forschen, Begreifen. Berlin: Bananenblau 2012 a

Borstelmann, Antje/ Fink, Michael: Aktionstabletts. Berlin: Bananenblau 2012 b

Büker, Ursula: Wie funktioniert Wahrnehmung? IN: Fröhlich, Andreas: Wahrnehmungsstörungen und Wahrnehmungsförderung. Heidelberg: „Edition S" Universitätsverlag C.Winter 1999, S. 17 – 29

Flott-Tönjes, Ulrike/ Albers, Stefanie/ Ludwig, Mechthild/ Schumacher, Helga/ Storcks-Kemming, Birgit/ Thamm, Jürgen/ Witt, Helma: Fördern planen. Oberhausen: Athena Verlag 2017

Fröhlich, Andreas: Wahrnehmungsstörungen und Wahrnehmungsförderung. Heidelberg: „Edition S" Universitätsverlag C. Winter 1999, S. 17 – 29

Gemmel, Stefan: Das Geheimnis der Geisterbahn. Kurzfassung in Leichter Sprache von Annette Kiefer. Neureichenau, edition zweihorn: 2014

Goudarzi, Nicol: Basale Aktionsgeschichten – Eine Reise um die Welt. Karlsruhe: von Loeper Literaturverlag 2017

Goudarzi, Nicol: Basale Aktionsgeschichten. Karlsruhe: von Loeper Literaturverlag 2015

Häußler, Anne: Der TEACCH Ansatz zur Förderung von Menschen mit Autismus. Einführung in Theorie und Praxis. Dortmund: Borgmann Media 2005

Häußler, Anne: Der TEACCH Ansatz – ein umfassendes Konzept zur Förderung von Menschen mit Autismus und ähnlichen Kommunikationsbehinderungen. IN: Handbuch der Unterstützen Kommunikation, 03.020.001 – 03.023.001. Karlsruhe: von Loeper Literaturverlag 2014

Jervis, Gayle/ Jervis Cacka, Kristen: Sensory Play. Seattle: Amazon Publishing 2013

Kisch, Andrea/ Pauli, Sabine: Die Ravensburger Feinmotorikkiste. Dortmund: verlag modernes lernen 2017

Klingenberg, Svenja: Aktionstabletts. Bookmundo Selfpublishing: 2019

Klingenberg, Svenja: Aktionstabletts mit Hand und Fuß. Bookmundo Selfpublishing: 2020

Lang, Markus/ Hofer, Ursula/ Beyer, Friederike: Didaktik des Unterrichts mit blinden und hochgradig sehbehinderten Schülerinnen und Schülern. Band 1: Grundlagen. Stuttgart: Kohlhammer 2017

Locke, John: Versuch über den menschlichen Verstand. Teil 1. Hamburg: Felix Meiner Verlag 2000 (philosophische Bibliothek, Bd. 75, von Reinhard Brandt (Herausgeber))

Rosenkötter, Henning: Motorik und Wahrnehmung im Kindesalter. Eine neuropädagogische Einführung. Stuttgart: Kohlhammer 2013

Sachse, Stefanie: Kern- und Randvokabular in der Unterstützten Kommunikation. Sprachentwicklung unterstützen, gestalten. IN: Birngruber, C./ Arendes, S.: Werkstatt Unterstützte Kommunikation, S. 109 - 126. Karlsruhe: von Loeper Literaturverlag 2009

Schatz, Yvette/ Schellbach, Silke: Ideen Kiste Nr. 1: Mit Kisten, Tabletts und Arbeitsmappen lernen und handeln. Nordhausen: Verlag Kleine Wege 2008

Solzbacher, Heike: Von der Dose bis zur Arbeitsmappe. Ideen und Anregungen für strukturierte Beschäftigungen in Anlehnung an den TEACCH-Ansatz. Dortmund: Borgmann Media 2016

Zimmer, Renate: Handbuch Sinneswahrnehmung. Grundlagen einer ganzheitlichen Bildung und Erziehung. Freiburg: Herder 2012

Downloadmaterial

- Arbeitsblätter Kapitel 6 und 7:
  www.vonloeper.de/000-252/ab-23Dfca45

- Zusammenstellung aller Sensorik-Fotos:
  www.vonloeper.de/000-252/sf-11Sjhg65

- Alle Kommunikationstafeln aus Kapitel 7.4:
  www.vonloeper.de/000-252/kt-64Uisq85

Weitere Bücher aus der JA: UK! Praxisreihe

Nicol Goudarzi

Basale Aktionsgeschichten

Erlebnisgeschichten für Menschen mit schwerer Behinderung

„Basale Aktionsgeschichten" sind ideal für die Förderung von Menschen mit schweren Behinderungen. Zwölf lustige und spannende Geschichten fördern die Wahrnehmung und vermitteln gleichzeitig Bildungsinhalte. Mit Materiallisten, anschaulichen Beschreibungen zur Vorbereitung und Durchführung sowie weiterführenden Ideen, z. B. für den Einsatz im gemeinsamen Unterricht.

120 S., kartoniert; **ISBN: 978-3-86059-244-1**

Nicol Goudarzi

Basale Aktionsgeschichten – Eine Reise um die Welt

Neue Erlebnisgeschichten für Menschen mit schwerer Behinderung

Die beliebten Aktionsgeschichten aus dem ersten Buch sind flügge geworden. Vierzehn spannende und interessante Geschichten laden ältere Kinder, Jugendliche und junge Erwachsene ein zu einer Reise um die Welt. Ob beim afrikanischen Festmenü, beim historischen Wettlauf zum Südpol oder beim mythischen Elfenvolk in Island – es gibt viel zu erleben, zu erfahren und zu lernen.

124 S., kartoniert; **ISBN: 978-3-86059-246-5**

Silke Braun

Unterstützte Kommunikation mit Erwachsenen

Die Umsetzung von Unterstützter Kommunikation im Kinder- und Jugendbereich ist wichtig und wertvoll. Doch wie geht es weiter, wenn diese Menschen erwachsen geworden sind? Silke Braun stellt wichtige Grundpfeiler und Möglichkeiten zur Implementierung von UK in den Einrichtungen für erwachsene Menschen mit Behinderung vor. Zahlreiche Anregungen und Beispiele für die Praxis machen Mut zu einer flächendeckenden Umsetzung.

156 S., kartoniert; **ISBN: 978-3-86059-251-9**

Marcel Feichtinger

Handzeichen für das Classroom-Management

Unterricht mit Händen und weiteren Hilfsmitteln erfolgreich strukturieren

Die alleinige Verwendung des gesprochenen Wortes kann aus ganz unterschiedlichen Gründen den Unterrichtsalltag erschweren. Verliert die Lehrersprache an Eindeutigkeit, gehen Ordnung und Transparenz in Erziehung und Unterricht verloren. Der Einsatz von Handzeichen aus dem Classroom-Management wird in diesem Buch ausführlich erklärt, wodurch Störungen minimiert werden. Kernstück sind 72 Handzeichen, mit denen ein verständlicher und erfolgreicher Unterrichtsalltag gestaltet werden kann.

88 S., kartoniert; **ISBN: 978-3-86059-247-2**

VON LOEPER LITERATURVERLAG
Daimlerstr. 23, 76185 Karlsruhe, Tel. (0721) 46 47 29 0, Fax (0721) 46 47 29 099
E-Mail: Info@vonLoeper.de, Internet: www.vonLoeper.de